DUELLE AUF DEM PAPIER

spielen · denken · lernen

DUELLE AUF DEM PAPIER

WALTER DIEM

FLEURUS
IDEE

Fleurus Idee is an imprint
of Fleurus Verlag GmbH

Lindenstr. 20, 50 674 Köln

Autor: Walter Diem
Layout und Satz: Ben Wozniak, MWK, Köln
Umschlaggestaltung: MWK, Köln
Illustration Umschlag: Felix Braden

ISBN 3-89717-411-1
Printed in Germany

10 9 8 7 6 5 4 3 2 1

Zur Einstimmung

Ein Blatt Papier kann ein aufregender Spielplatz sein. Es ist nicht zu klein, um darauf Golf zu spielen oder ein Autorennen zu simulieren. Man kann sich darauf Duelle mit Worten liefern oder spontane Kreativität beim Zeichnen der ersten Zeilen eines Lieds beweisen. Als Spielfeld kann der unbedruckte Rand einer Zeitung genügen oder die unbedruckte Rückseite eines Geschenkpapierrests. Man braucht dazu nur einen Buntstift pro Spieler. Ein aufwändiges Equipment oder gar ein elektrischer Anschluss sind für diese Art von Spielen nicht erforderlich.

Mit den Duellen auf dem Papier kann man Wartezeiten überbrücken oder scheinbar endlose Bahnfahrten kurzweiliger gestalten. Und dabei verbringt man die Zeit sogar sehr sinnvoll. So harmlos manche Spiele auf dem Papier scheinen mögen: Sie fordern doch auch Nachdenken oder taktisch kluges Verhalten heraus und sie können die Feinmotorik fördern und entwickeln. Selbst wenn das unerwartete oder skurrile Ergebnis einer Spielrunde nur den Lachmuskeln zusetzt, hat das Spiel viel für unsere geistige und seelische Verfassung bewirkt.

Viele meinen, man könne heutzutage eigentlich nur noch mit Hilfe eines Computers oder eines elektronischen Spielgeräts vernünftig spielen. Wer aber den Bildschirm wenigstens für eine Weile dunkel lässt und stattdessen allein, zu zweit oder auch in einer größeren Runde versucht, zum Beispiel aus den Buchstaben eines vorgegebenen Wortes möglichst viele neue Wörter zu finden, wird vielleicht überrascht sein. So manches althergebrachte Spiel bereitet auch heute noch viel Vergnügen und Entspannung und trägt dabei ebenso zum geistigen Training bei.

An dieser Stelle habe ich einigen Dank abzustatten. Ich danke Tom Werneck, Spielekritiker und Leiter des Bayerischen Spiele-Archivs Haar, für die Erlaubnis, den Lesern dieses Buchs sein *Wortwirbel* wenigstens mit einigen Buchstabenkonstellationen vorzustellen. Ich danke meinem Sohn Jonas für einige der Spielvorlagen, die im Anhang zum Kopieren für die Spielrunden der Leser freigegeben sind. Und zu danken habe ich auch den wenigen bekannten, aber vor allem den vielen unbekannten Erfindern so schöner Spiele wie *Schiffe versenken, Käsekistchen* oder *Opa plätschert lustig in der Badewanne*.

Viel Freude beim Spielen wünscht
Walter Diem

Inhalt

Inhalt

Kapitel Drei
Strategiespiele 68

Kapitel Vier
Duelle auf Karopapier 82

Kapitel Eins
Wortgefechte

Wer hat den größten Wortschatz und wer kann ihn am schnellsten und kreativsten anwenden? Wer braucht am wenigsten Zeit, um aus einem Buchstabensalat die meisten sinnvollen Wörter zu bilden? Bei den Wortspielen in diesem Kapitel geht es um schnelle Duelle. Mit Wortwitz und Einfallsreichtum lassen sich auch in größeren Spielrunden kurzweilige Stunden gestalten. Einige der Spiele kann man auch gut allein spielen. Sie sind ideal, um Wartezeiten unterhaltsam zu überbrücken.

Gefüllte Kalbsbrust

- Alter: ab 14 Jahre
- Zahl der Spieler: ab 2

Bei den wenigen Lesern, denen dieses Spiel noch unbekannt sein mag, wird es sich wohl bald zu einem oft und gern gespielten Zeitvertreib entwickeln.

Jeder Spieler hat ein Blatt Papier vor sich. Auf einen Vorschlag aus der Runde der aktiven Spieler oder von einem unbeteiligten Anwesenden einigen sich die Spieler auf ein Wort, das wenigstens sechs, aber höchstens zwölf Buchstaben enthalten sollte. Die Buchstaben J, C, Q, X und Y dürfen darin nicht vorkommen. Jeder Spieler schreibt das Wort in Druckbuchstaben in der linken Hälfte seines Papiers von oben nach unten auf und dann mit einigem Abstand rechts daneben von unten nach oben.

Das ist die Kalbsbrust, die nun gefüllt werden muss. Jeder Spieler soll in die Zwischenräume zwischen den beiden Buchstaben neue, beliebig lange Wörter schreiben – und dabei als ersten und letzten Buchstaben die Buchstaben des vorgegebenen Begriffs verwenden. Nach einer vorher vereinbarten Zeit darf nicht mehr geschrieben werden. Jetzt beginnt ein Spieler seine Ergebnisse vorzulesen; befinden sich seine neuen Wörter auch in anderen Kalbsbrüsten, streichen alle diese Wörter von ihren Papieren. Ein zweiter, dritter, vierter Spieler nennt die verbliebenen Wörter und die anderen vergleichen ihre Listen – und streichen doppelte Nennungen. Wer am Schluss die meisten Wörter übrig behält, hat gewonnen. Wer originell und schnell ist, wird belohnt: Die Gewinnchancen steigen, wenn es gelingt, die Kalbsbrust mit selteneren Wörtern zu füllen.

Stadt, Land, Fluss

- Alter: ab 10 Jahre
- Zahl der Spieler: ab 2

Dieser Klassiker mag den meisten Lesern aus der eigenen Kindheit vertraut sein – er darf hier deshalb natürlich nicht fehlen.

Jeder Spieler legt auf einem Blatt Papier das hier gezeigte Schema an.
Ein Spieler buchstabiert still das Alphabet, ein anderer ruft nach einer Weile: „Halt!“ Der Buchstabe, bei dem der erste Spieler unterbrochen wurde, ist nun der Anfangsbuchstabe für die in den einzelnen Rubriken zu suchenden Begriffe.
Wer als Erster in alle Rubriken ein Wort (oder drei Wörter) eingetragen hat, darf das Spiel mit einem lauten „Stopp“ für alle beenden. Und nun wird verglichen. Alle Wörter, die von mehreren Spielern gefunden worden sind, werden gestrichen. Alle übrig bleibenden Wörter werden mit zehn Punkten bewertet. Man kann nun so lange – mit neuen Anfangsbuchstaben – weiterspielen, bis der erste Spieler 100 Punkte erreicht hat.
Auch wenn sich *Stadt, Land, Fluss* als Name des Spiels eingeprägt hat: Man kann in einer Spielrunde natürlich auch mal ganz andere Suchbegriffe vorgeben. Denn immer nur Flüsse (oder Gewässer) oder Städtenamen zu finden, mag sich auf Dauer erschöpfen. Im Bestimmen der Kategorien dürfen die Spieler erfinderisch sein. Stadt, Land, Fluss, Name, Tier, Beruf können so durch Politiker, Schauspieler, Schriftsteller, Musikinstrumente, historische Ereignisse und vieles andere mehr ersetzt werden.

Stadt	Land	Fluss	Pflanze	Schauspieler

Worte verwandeln

- Alter: ab 10 Jahre
- Zahl der Spieler: ab 2

Den Spielern wird ein Wort mit höchstens sechs Buchstaben vorgegeben. Aus diesem Wort sollen nun möglichst viele neue Wörter entwickelt werden, indem jeweils immer nur ein Buchstabe verändert wird.

Die Spielrunde kann nach vorher vereinbarter Zeit beendet werden, man kann aber auch so lange weiterspielen, bis wirklich keinem mehr etwas Neues einfällt. Wer die längste Liste hat, hat gewonnen.
Man kann aber auch die Ergebnisse miteinander vergleichen und mehrfache Wortfindungen streichen, so dass bei dieser Variante der gewonnen hat, dem die meisten Wörter als Einziger eingefallen sind. Man kann das Spiel auch ohne Wertung so spielen, dass jeder ein Wort aufschreibt, das Papier an den Nachbarn weiterreicht, der das letzte Wort verwandeln muss, ehe er das Blatt wieder weiterreicht. So geht es reihum weiter, bis die Blätter voll geschrieben sind – oder niemandem mehr etwas einfällt.

Wörterleiter

- Alter: ab 10 Jahre
- Zahl der Spieler: ab 2

Bei dieser Variante der *Gefüllten Kalbsbrust* werden zwei Wörter von einem neutralen Anwesenden vorgegeben oder zwei Duellanten nennen jeweils ein Wort.

Die Wörter müssen gleich lang sein. Sie werden senkrecht und mit etwas Zwischenraum von den Spielern auf ihre Papiere geschrieben. Und nun sind wieder die Buchstaben dieser beiden Wörter als Anfangs- und Endbuchstaben neuer Wörter zu benutzen. Wie viele Buchstaben diese Wörter enthalten, bleibt dem Wortschatz der Spieler überlassen. Man kann die Aufgabe aber auch etwas erschweren, indem Wörter mit jeweils einer bestimmten Buchstabenzahl in die Wörterleiter einzutragen sind.

Versteckte Wörter

- Alter: ab 10 Jahre
- Zahl der Spieler: 2

In den 1970er-Jahren des vorigen Jahrhunderts war *Mastermind*, das Superhirn-Spiel, weit verbreitet und hoch geschätzt: Es galt dabei, einen mit farbigen Stiften auf ein Spielbrett gesteckten und verdeckt gehaltenen Code zu erraten. Ähnlich ist das hier vorgeschlagene Spiel angelegt.

Ein Spieler schreibt ein Wort mit vier Buchstaben auf und legt den Zettel vor sich verdeckt auf den Tisch. Der Gegenspieler muss versuchen, das aufgeschriebene Wort zu erraten. Dazu schreibt er auf gut Glück ein Vier-Buchstaben-Wort auf seinen Zettel und reicht ihn dem ersten Spieler. Dieser zeigt mit einem Kreis neben dem Wort an, ob vielleicht ein Buchstabe in dem aufgeschriebenen Wort mit seinem versteckten Wort übereinstimmt. Mit einem Strich oder einem Kreuzchen zeigt er an, dass ein Buchstabe sogar an der richtigen Stelle steht.

Der ratende Spieler, der mit dieser ersten Information natürlich noch nichts anfangen kann, schreibt ein zweites Wort auf, in dem er einige – oder, wenn das ein sinnvolles Wort ergibt – alle, nun aber umgestellten Buchstaben seines ersten Wortes verwendet. Wieder bekommt er durch einen Kreis oder ein Kreuzchen angezeigt, ob er etwas richtig hat. Hat er keinen Buchstaben aus dem Code-Wort verwendet, kann ihm leider auch nichts angezeigt werden.

Der zweite Spieler schreibt also immer neue Wörter auf und versucht, aus den Antworten des ersten Spielers zu erschließen, welche im Suchwort enthaltenen Buchstaben mit dem Codewort übereinstimmen. Ist die Lösung gefunden, tauschen die Spieler die Rollen für eine neue Spielrunde.

Man kann diesen Wettkampf mit einer Wertung spielen. Dann gewinnt, wer die wenigsten Suchwörter brauchte, um das Code-Wort zu entschlüsseln. Man kann jedoch auch auf jegliche Wertung verzichten. Für ganz Ausgefuchste geht es vielleicht nach einiger Zeit darum, sich gegenseitig mit Wörtern aus fünf Buchstaben zu triezen …

Spielen mit Kindern

Für jüngere Spieler kann die Spielweise – zunächst – auch vereinfacht werden: Wer ein Lösungswort aufgeschrieben hat, bekommt angezeigt, welcher Buchstabe darin mit dem Code-Wort übereinstimmt, indem dieser Buchstabe unterstrichen wird. Steht ein Buchstabe auch an der richtigen Stelle, wird dieser dann zweimal deutlich unterstrichen.

Straßenkreuzung zerlegen

- Alter: ab 12 Jahre
- Zahl der Spieler: ab 2

Das ist natürlich nicht wörtlich zu nehmen: Hier wird keine Straßenkreuzung unpassierbar gemacht. Wohl aber zerlegt man in diesem Spiel das Wort Straßenkreuzung in seine Buchstaben, um möglichst viele neue Wörter zu bilden.

Vor Spielbeginn müssen sich alle Beteiligten darüber verständigen, welche Wörter eigentlich zulässig sind und welche nicht: Nur Hauptwörter und diese nur in der Einzahl oder sowohl in der Einzahl als auch in der Mehrzahl? Gelten auch Zahlwörter, Verben (aber nur in der Grundform) und Eigennamen? Sind Wörter aus fremden Sprachen erlaubt (eher nicht) und dürfen Abkürzungen gewählt werden? Es sollte unter den Spielern auch Einigkeit darüber bestehen, dass der Buchstabe ß in ss (geschrieben) und sz (buchstabiert) zerlegt werden darf. Und dass die Umlaute jeweils die Buchstaben a und e, o und e sowie u und e enthalten.

Die in dem vorgegebenen Wort enthaltenen Buchstaben dürfen so oft verwendet werden, wie sie vorkommen. Das Wort Straßenkreuzung zum Beispiel enthält e, n, r, s, u und z jeweils zweimal. Das z steckt im ß (buchstabiert: sz) und in Kreuzung. Diese Buchstaben können deshalb in allen neuen Wörtern ebenfalls jeweils zweimal verwendet werden.

Man erleichtert sich die Übersicht über die gefundenen Wörter sehr, wenn man sie nach der Reihenfolge der Buchstaben im Ausgangsbegriff *Straßenkreuzung* aufschreibt. Man sucht zum Beispiel erst Wörter, die mit s beginnen, dann solche mit t usw.

Auch wenn mancher gewiefte Hüter eines großen Wortschatzes nicht aufhören mag, immer neue Wörter zu finden und aufzuschreiben: Es macht allen mehr Vergnügen, wenn die Spielrunde nach einer vorher vereinbarten Zeit abgebrochen wird. Dann beginnt einer, seine Wörter vorzulesen. Wer ein Wort ebenfalls auf seinem Zettel hat, sagt dies für alle Mitspieler an: Das Wort wird dann von allen Listen gestrichen. Wer am Schluss die meisten Wörter auf seinem Zettel übrig hat, hat das Spiel gewonnen. Nun kann eine neue Runde mit einem neuen Ausgangsbegriff beginnen.

Etwas schwieriger!

Eine interessante und knifflige Variante ist: Die Zahl der Buchstaben in den zu findenden Wörtern wird vorher vereinbart. Also: Es sollen zum Beispiel nur Wörter mit drei, vier und fünf Buchstaben sein.

Wörter überkreuz

- Alter: ab 12 Jahre
- Zahl der Spieler: ab 2

Ähnlich wie das bekannte und beliebte Spiel *Scrabble* werden hier Wörter aus Buchstaben nach und nach zusammengeklaubt. Die Spieler verfügen bei diesem Spiel allerdings über einen unbegrenzten Vorrat an Buchstaben und die Buchstaben sind nicht mit Werten versehen.

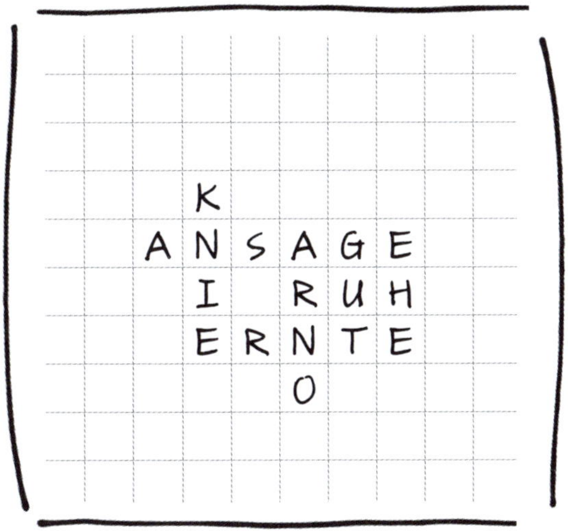

Die Spieler haben vor sich ein Blatt Karopapier als gemeinsames Spielfeld. Darauf tragen sie im Wechsel jeweils einen Buchstaben ein. Das Ziel ist, nach und nach ein Wort zu bilden.

Jeder kann dabei Buchstaben des anderen verwenden, etwa um ein bereits angefangenes Wort umzumodeln, in der Absicht ein anderes Wort daraus zu bilden.

Man kann, wie bei *Scrabble*, auch rechtwinklig an einen Buchstaben ansetzen und ein neues Wort anfangen.

Für jedes Wort, das man aus eigenen Buchstaben und denen des Mitspielers zusammengeklaubt hat, gibt es einen Punkt. Nach fünf, sechs oder zehn Punkten kann man diese Runde beenden und eine neue beginnen.

Wertvolle Buchstaben

- Alter: ab 12 Jahre
- Zahl der Spieler: ab 2

Ehrgeizige Spieler machen aus diesem Wortspiel einen Wettlauf im Kopfrechnen, den der schnellste und ideenreichste gewinnt.

Zur Vorbereitung: Man schreibt die Buchstaben des Alphabets auf ein Blatt Schreibpapier, entweder oben am Kopf oder entlang der linken Kante. Jedem Buchstaben wird in ganz beliebiger Reihenfolge eine Zahl zwischen eins und 26 zugeordnet. Jeder Spieler benötigt genau denselben Zettel und nun sollen in einer begrenzten Zeit (zum Beispiel fünf Minuten) so viele Wörter wie möglich aufgeschrieben werden. Dabei wird jeder natürlich versuchen, vor allem die Buchstaben mit den höchsten Werten zu verwenden. Denn am Ende wird gerechnet (und dabei nicht gemogelt). Wer die höchste Punktzahl erreicht hat, ist Gewinner dieser Runde.

Hexmex

- Alter: ab 8 Jahre
- Zahl der Spieler: ab 2

Schon als in den Familien noch viel mehr als heute gespielt wurde, gehörte dieses Auszählspiel zu den Klassikern. Es funktioniert zu zweit ebenso gut wie in größerer Runde.

Jeder Spieler malt auf sein Blatt Papier eine Reihe von 20 Soldaten, die der Einfachheit halber durch kleine Kreise dargestellt werden können. Innerhalb dieser Reihe steht an beliebiger Stelle ein König, den man durch ein Kreuz auf dem Kreis kennzeichnet. Ein Spieler spricht nun langsam und jede Silbe betonend den Abzählvers vor:

„Hexmex mere mex, Peter Paul Pompex schlägt alle böse Buben auf den Kopf mausetot."

Jeder Spieler zählt jede Silbe an den aufgereihten Soldaten ab und beginnt nach dem letzten Soldaten wieder von vorn durchzuzählen. Der Kreis, den die letzte Silbe „tot“ trifft, wird durchgestrichen. Sollte es dabei aber ausgerechnet den König getroffen haben, scheidet der betreffende Spieler aus. Die anderen beginnen wieder mit dem Abzählvers – und spielen so lange weiter, bis nur noch ein Spieler den König und vielleicht auch noch einen Rest von dessen Armee besitzt.

Wortketten

- Alter: ab 12 Jahre
- Zahl der Spieler: ab 2

Wer nach einer vorher vereinbarten Zeit die längste Kette bilden konnte, hat diese Spielrunde gewonnen.

Einer der Mitpieler oder ein neutraler Nichtspieler gibt ein Wort vor – zum Beispiel „Kette“. Jeder Spieler muss ein Wort finden, dessen Anfangsbuchstabe der letzte Buchstabe im Wort „Kette“ ist. Und der letzte Buchstabe des nun gefundenen Worts ergibt wiederum den Anfangsbuchstaben eines neuen, einigermaßen sinnvollen Wortes vor usw. Man kann für dieses Spiel die Regel vereinbaren, dass nur Wörter mit zwei oder mit drei Silben gefunden werden dürfen. Wenn man längere Zeit bei diesem Spiel bleiben will, kann man von Runde zu Runde die Zahl der Silben erhöhen – oder die Silbenzahl freigeben. Für alle Spieler gilt: Kein Wort darf zweimal verwendet werden.

Der, die, das versteckt

- Alter: ab 12 Jahre
- Zahl der Spieler: ab 1

Erwachsene betrachten Wörter im Allgemeinen als Ganzes und zerlegen sie nicht wie zu Grundschulzeiten in ihre Bestandteile. Für dieses Spiel muss das aber mal wieder gemacht werden.

Das Ziel ist, möglichst viele Wörter zu finden, welche die Artikel *der, die, das* enthalten. Solch Wörter sind beispielsweise Lieder, Derby, Dienstag, Dieter, dasselbe, Dasein usw.

Man kann auch andere Vorgaben machen: Die Wörter sollen Zahlen enthalten (zum Beispiel Achtung, entzweien, gemeinsam). Oder sie sollen die persönlichen Fürwörter *ich, du, er, sie, es* usw. versteckt enthalten.

Neun leere Felder

- Alter: ab 12 Jahre
- Zahl der Spieler: ab 2

Für das Spiel *Wörter im Quadrat* gibt es eine Steigerungsmöglichkeit: Ein Spieler nennt ein Wort mit vier Buchstaben. Das ist für den Anfang genug. Geübte Spieler können die Schwierigkeit steigern und dafür zu Wörtern mit fünf oder sechs Buchstaben übergehen.

Das Wort mit vier Buchstaben wird nun auf den Zetteln aller Mitspieler in ein vier mal vier Fächer großes Quadrat eingetragen, und zwar in die erste Zeile waagerecht und in die erste Spalte senkrecht. Nun sollen in die noch leeren neun Fächer des Quadrats drei Wörter eingetragen werden, die waagerecht und senkrecht miteinander verzahnt sind, wie es dieses Beispiel zeigt.

H	O	S	E
O	F	E	N
S	E	K	T
E	N	T	E

Leberreime

- Alter: ab 14 Jahre
- Zahl der Spieler: ab 2

Dieses hier wiederbelebte Spiel aus uralten Zeiten ist nur scheinbar sinnlos. Es fördert die Kreativität und die Spontaneität.

Und ist dabei höchst unterhaltsam. Hier soll nämlich gedichtet werden: Der erste Vers der Reime weist die Leber einem Tier zu, einem zweiten Tier dagegen ausdrücklich nicht.

Zum Beispiel:

Die Leber ist von einem Hahn und nicht von einer Gans.

Jetzt muss eine zweite Zeile gefunden werden, die sich darauf reimt – aber nicht zwangsläufig einen sinnvollen Zusammenhang herstellt.

Zum Beispiel:

Die Natter beißt sich niemals in den eigenen Schwanz.

Damit das Spiel auch unter Erwachsenen, die einen gut entwickelten Sinn für höheren Blödsinn haben, einen einigermaßen geordneten Verlauf nimmt, könnte man sich an diese Spielregel halten: Ein Spieler beginnt mit einer Anfangszeile („Die Leber ist ... und nicht ...“) und der Nachbar zur Rechten muss die zweite Zeile dichten – und auch gleich für den nächsten Spieler eine neue Anfangszeile vorgeben.

Wörter im Quadrat

- Alter: ab 12 Jahre
- Zahl der Spieler: ab 1

Dieses Wortfindungsspiel kann man ganz ruhig oder auch mit gesteigerter Geschwindigkeit spielen.

Ein Mitspieler gibt ein Wort vor – zum Beispiel mit fünf Buchstaben. Jeder Spieler schreibt dieses Wort in senkrechter Anordnung auf sein Papier. Es gilt, für jeden Buchstaben – in waagerechter Anordnung – ein neues Wort mit ebenfalls fünf Buchstaben zu finden. Man kann warten, bis alle Teilnehmer die Aufgabe gelöst haben oder man gibt dem schnellsten Spieler das Recht, „Stopp“ zu rufen, so dass alle mit dem Erfinden und Aufschreiben aufhören müssen. Alle Wörter werden der Reihe nach vorgelesen: Mehrfachnennungen bekommen einen Punkt; wer ein Wort nennt, das kein anderer gefunden hat, kann sich fünf Punkte gutschreiben.

Immer im Rahmen bleiben

- Alter: ab 12 Jahre
- Zahl der Spieler: ab 1

Dieses Spiel ähnelt *Stadt, Land, Fluss,* ist aber etwas schwieriger. Es gilt hier, Wörter von bestimmter Länge zu finden – und sie zudem bestimmten Bereichen zuzuordnen.

Jeder Spieler legt sich ein Schema an (siehe Anhang) und versucht, in jeder Rubrik wenigstens ein Wort unterzubringen. Für jedes Wort kann man Punkte vergeben, man kann das Ganze aber auch wertfrei spielen – allein für sich oder in einer größeren Runde. Und wenn hier vier Bereiche vorgegeben sind, heißt das nicht, dass nicht auch für andere Bereiche des täglichen Lebens möglichst viele Wörter gefunden werden können.

Bereich	4 Buchstaben	5 Buchstaben	6 Buchstaben	7 Buchstaben
Möbel				
Küchengeräte				
Lebensmittel				
Werkzeug				

Unfug pur

- Alter: ab 12 Jahre
- Zahl der Spieler: ab 2

Offene Fragen und direkte Antworten tragen die Spieler zusammen, bis das Papier nicht mehr reicht. Ob diese aber zusammen passen?

Die Spieler schreiben am Kopf ihres Zettels einen Fragesatz, der mit warum beginnt. Die Frage kann an eine unbestimmte Person gerichtet sein. Zum Beispiel: „Warum bist du heute so müde?“.
Es kann aber auch eine grundsätzliche Frage sein, deren Antwort ein allgemeines Phänomen erklären soll. Zum Beispiel: „Warum sind Erdbeeren rot?“
Das Papier wird an den Nachbarn oder Gegenspieler weitergereicht, nachdem der Fragesatz durch Umknicken des Papiers versteckt worden ist. Jetzt ist die Antwort aufzuschreiben, für die sich jeder die gestellte Frage selber ausdenken kann. Denn es soll ja möglichst viel Unfug aus diesem Wechselspiel von Warum-Fragen und Weil-Antworten entstehen. Das Spiel wird mindestens so lange fortgesetzt, wie noch Platz auf dem Papier ist. Erst dann wird aufgedeckt und im Zusammenhang vorgelesen.

Wortpyramide

- Alter: ab 14 Jahre
- Zahl der Spieler: ab 2

Dieses Spiel beginnt man an der Spitze der Pyramide. Dann arbeitet man sich Buchstabe für Buchstabe zur Basis des ägyptischen Bauwerks vor.

Jeder Spieler zeichnet auf sein Papier eine Reihe von acht Kästchen nebeneinander auf, legt darüber eine Reihe mit sieben Kästchen an, darüber wieder eine Reihe mit sechs Kästchen, bis die Pyramide oben mit einem einzelnen Kästchen abschließt. Nun wird der erste Buchstabe ausgelost und in das obere Kästchen eingetragen. Im zweiten Kästchen in der zweiten Reihe soll dieser Buchstabe durch einen zweiten, von jedem Spieler individuell bestimmten Buchstaben zu einem sinnvollen Begriff oder auch einer allgemein bekannten Abkürzung ergänzt werden. Dabei darf die Reihenfolge der Buchstaben auch umgestellt werden. In der nächsten Reihe wird wieder ein Buchstabe angefügt und so geht es weiter, bis ein Spieler als Erster auch ein Wort in die Basis der Pyramide eintragen konnte. Er hat gewonnen. Verloren hat, wer die wenigsten Wörter in seine Pyramide eintragen konnte.

O
O B
B O R
R O B E

Vokale zählen

- Alter: ab 12 Jahre
- Zahl der Spieler: ab 2

Bei dem Spiel *Verstümmelte Buchstaben* (siehr Seite 34) waren die Vokale zunächst nicht sichtbar. Hier nun stehen sie von Anfang an im Vordergrund. Das Wort Anfang im letzten Satz ist gleich ein typisches Beispiel dafür, worum es hier geht.

Die Spieler müssen Wörter finden, in denen ausschließlich ein Vokal enthalten ist. Man kann dabei mit dem A beginnen – und die Spieler schreiben dann neben Anfang auch Ananas, Abfahrt, Abstand, Atlas, All und – hoffentlich – vieles mehr auf. Nach einer vorher vereinbarten Zeit oder wenn keinem Spieler mehr etwas einfällt, wird gezählt:

Etwas schwieriger!

Man kann alle mehrfachen Nennungen aus den Wortlisten, die vorgelesen werden, streichen. Dann werden nur die individuellen Treffer mit Punkten bewertet.

Man kann jedem die absolute Zahl der Wörter gutschreiben, die er gefunden hat. Diese Punktzahl nehmen die Spieler dann mit in die nächste Runde. Beim nächsten Mal ist wieder ein anderer Vokal dran. Und da es nur fünf Vokale gibt und es wenig Sinn macht, einen Vokal zweimal als Aufgabe zu stellen, wird nach fünf Runden ein neues Spiel zu beginnen sein. Zum Beispiel das Folgende …

Schüttelreime

- Alter: ab 14 Jahre
- Zahl der Spieler: ab 1

„Es klapperten die Klapperschlangen, bis ihre Klappern schlapper klangen", ist ein weithin bekannter Schüttelreim. Und dieser ist es wohl auch: „Es sprach der Herr von Rubenstein: Mein Hund, der ist nicht stubenrein."

In einer Runde von Leuten, die nicht auf den Mund gefallen sind, kann der Versuch, ähnliche Schüttelreime zu erfinden, zum Spiel werden, das nicht enden will, und für das es auch kein Zeitlimit geben sollte. Das Papier sollte man am besten immer griffbereit haben, denn jedem in der Runde wird, auch wenn sich die Gespräche inzwischen ganz anderen Themen zugewandt haben, irgendwann doch noch ein neuer Schüttelreim einfallen, den er den anderen sofort zum Besten geben und für die Nachwelt aufbewahrt wissen möchte …

Radar-Falle

- Alter: ab 10 Jahre
- Zahl der Spieler: ab 1

Ein Spiel für Unermüdliche mit Geduld, denn es gibt mehr Lösungsmöglichkeiten, als man denkt. Eine gute Basis für ein ausgiebiges Wortgefecht.

Auf Anhieb würde man auch ohne die Überschrift erkennen, dass in dem hier gedruckten Buchstabenraster das Wort Radar steckt.

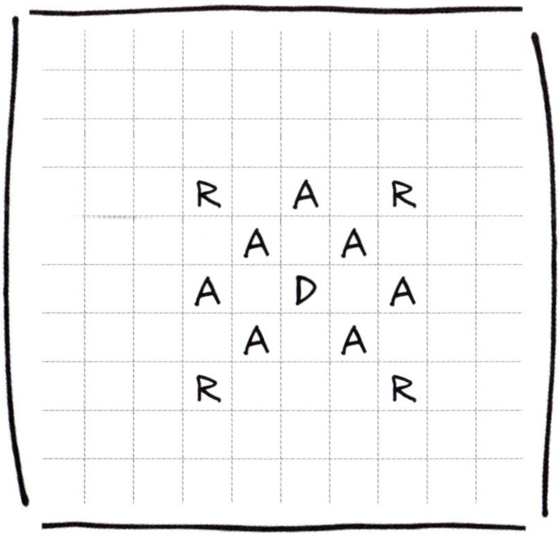

Bei genauerem Hinsehen wird man sehen, dass sich aus den Buchstaben R, A, D, A, R das Wort Radar sogar mehrfach bilden lässt, indem man diese fünf Buchstaben rauf und runter, waagerecht, senkrecht und diagonal hintereinander auffädelt. Wenn zwei Spieler daraus ein Duell machen, um möglichst viele Lösungen zu finden, dann empfiehlt es sich, das Buchstabenraster auf ein Papier mehrfach aufzuschreiben und mehrfach zu kopieren. Denn: Es soll 144 unterschiedliche Lösungen für diese Radar-Falle geben und jede einzelne muss bei einem Wortgefecht einwandfrei protokolliert werden.

Bandwurmsätze

- Alter: ab 12 Jahre
- Zahl der Spieler: ab 2

Dieses lustige Wortspiel bringt umso schönere Ergebnisse, je mehr Spieler daran beteiligt sind. Es geht mehr um den Lacherfolg, als um eine Wertung.

Jeder Spieler schreibt auf ein Blatt Papier einen nicht zu langen Satz von ein, zwei Zeilen so auf, dass das letzte Wort am Beginn einer neuen Zeile steht. Es darf aber kein Satzzeichen aufgeschrieben werden. Danach wird der beschriebene Teil des Papiers nach hinten umgefaltet und man gibt das Papier an den Nächsten weiter. Mit dem sichtbaren Wort beginnt der nächste

Spieler einen neuen Satz und diesen beendet er wiederum mit einem Wort auf einer neuen Zeile.
Das Papier wird wieder weitergereicht und das Spiel setzt sich so lange fort, bis für neue Sätze kein Platz mehr ist. Die Papiere werden aufgefaltet und die Bandwurmsätze vorgelesen. Das Vergnügen in der Runde ist natürlich umso größer, je kurioser oder sinnfreier die Sätze sind, die dabei herauskommen.

Opa plätschert

- Alter: ab 8 Jahre
- Zahl der Spieler: ab 2

Viele Leser werden dieses Spiel vielleicht schon kennen oder sich freuen, dass ihnen die Regeln wieder ins Gedächtnis gerufen werden. Dabei darf viel gelacht werden.

Ähnlich wie bei *Kunst auf Raten* (siehe Seite 46) beteiligen sich alle Spieler an einem Gesamtkunstwerk, ohne zunächst die Beiträge der anderen Spieler zu kennen. Auf dem Papier soll jeweils ein vollständiger Satz gebildet werden, der immer aus vier Teilen besteht: Es ist eine Person aufzuschreiben (Wer?), ihre Tätigkeit (Was?), die Art und Weise, wie diese Tätigkeit erledigt wird (Wie?) und der Ort, wo dies geschieht (Wo?). Also überschreibt jeder Spieler erst einmal auf dem Papier im Querformat die einzelnen Viertel mit den Wörtern

Wer? Was? Wie? Wo?

Nun trägt jeder auf seinem Zettel in der ersten Rubrik ganz unten einen Namen ein, faltet diesen Teil nach hinten um und gibt den Zettel weiter. Der nächste Spieler trägt nun ebenfalls am Fuß des Papiers für die zweite Rubrik eine Tätigkeit ein. Dieser Teil wird wieder nach hinten umgeschlagen und weitergereicht.
Sind alle vier Rubriken ausgefüllt, werden die Zettel geöffnet und die Ergebnisse vorgelesen. Dass nun „Opa plätschert lustig in der Badewanne“ herauskommt (was diesem Spiel einst den Namen gegeben hat), ist eher unwahrscheinlich, aber jede andere Aussage wird auch zur Erheiterung beitragen. Nun kann in der zweiten Reihe von unten ein neuer Satz in Raten aufgeschrieben werden, danach ein dritter und vierter – bis das Papier vollgeschrieben ist.

Der Galgen wartet

- Alter: ab **10** Jahre
- Zahl der Spieler: 2

Das Erraten eines Wortes ist die Aufgabe in einigen Spielen: Dieses hier wird dadurch dramatisiert, dass die Lösung spätestens nach zehn Fragen gefunden sein muss. Sonst wartet der Galgen!

Jeder der beiden Spieler denkt sich ein längeres Wort aus, wobei beide die gleiche Anzahl von Buchstaben verwenden müssen. Jeder schreibt zunächst nur den Anfangs- und Schlussbuchstaben seines ausgedachten Wortes auf ein Papier und deutet dazwischen durch Punkte die anderen Buchstaben an. Dann werden die Zettel ausgetauscht.

Zur Kontrolle schreibt jeder sein ausgedachtes Wort auf das eingetauschte Papier, muss aber den Zettel so halten, dass der Gegenspieler keinen Einblick hat. Die Spieler nennen nun abwechselnd jeweils einen Buchstaben des Alphabets: Kommt dieser Buchstabe im ausgedachten Wort vor, wird dem Gegenspieler angesagt, wie oft und an welcher Stelle. Kommt der gefragte Buchstabe nicht vor, beginnt der Befragte die Zeichnung eines Galgens. Dabei zieht der Gegenspieler die einzelnen Striche jeweils in der Reihenfolge, die in der Abbildung gezeigt wird. Spätestens nach zehn Fragen muss das ausgedachte Wort erraten sein – nach dem elften Fehlversuch hängt der betreffende Spieler am Galgen und hat verloren.

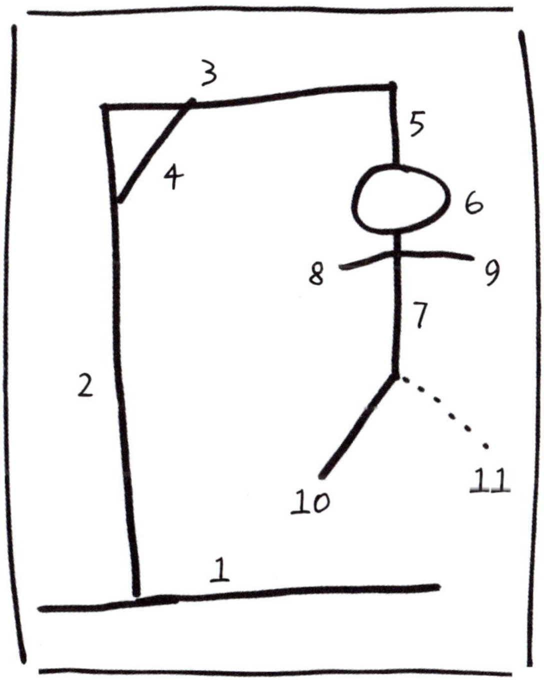

Noch'n Gedicht

- Alter: ab 14 Jahre
- Zahl der Spieler: ab 2

Der durch Filme und Fernsehauftritte bekannte Schauspieler und Humorist Heinz Erhardt leitete mit dem Slogan „Noch 'n Gedicht“ meistens den Vortrag eines neuen Kalauers ein. Und Sie?

Für spontane und wortgewandte Spieler könnte dies eine Aufforderung sein, das Dichten zu üben und durch selbst erdachte Sprachkunstwerke die Anwesenden zu erheitern. Jeder schreibt eine Zeile auf seinen Zettel, die er zum Gedicht vervollständigt sehen möchte. Der Nachbar zur Rechten (oder der einzige Mitspieler) bekommt den Zettel und muss einen Reim auf die erste Zeile formulieren. Der Zettel wandert zu einem dritten Spieler (oder zum ersten Spieler zurück), der nun eine dritte Zeile mit einem anderen Reimwort am Ende aufschreiben soll. Vier Zeilen genügen – es sei denn, in der Runde sind alle so begabt, dass sie noch weitere Reimpaare anschließen möchten.

Variante

Die Runde sollte ausprobieren, ob lustigere Ergebnisse herauskommen, wenn die Reime jeweils erst in der übernächsten Zeile zu finden sind.

Wortwirbel

- Alter: ab 14 Jahre
- Zahl der Spieler: ab 2

Ziel dieses Spiels ist es, aus dem Wortwirbel so viele dudenfähige Wörter wie möglich herauszufinden – und zwar mehr als die Mitspieler. Alle Spieler haben eine Kopie der hier abgedruckten Vorlage oder eines der im Anhang des Buches zum Kopieren angebotenen Beispiele.

Man beginnt mit einem beliebigen Buchstaben und folgt den Linien. Man darf einen Buchstaben beliebig oft anlaufen, aber nicht verdoppeln: Ein einzelnes r ist und bleibt ein r, kann also nicht zum rr werden. Jeder schreibt die Wörter auf, die er findet. Nach einer vereinbarten Zeit oder wenn alle befinden, es sei genug, liest jeder vor, was er notiert hat. Alle Wörter, die von mehr als einem Spieler gefunden wurden, werden gestrichen. So bleiben nur solche Wörter übrig, die einer allein gefunden hat: Für jeden Buchstaben dieser Wörter gibt es einen Punkt.
Der Erfinder dieses Spiels, Tom Werneck, ist Spielekritiker, Gründungsmitglied der Jury „Spiel des Jahres“ und Leiter des Bayerischen Spiele-Archivs, Haar.

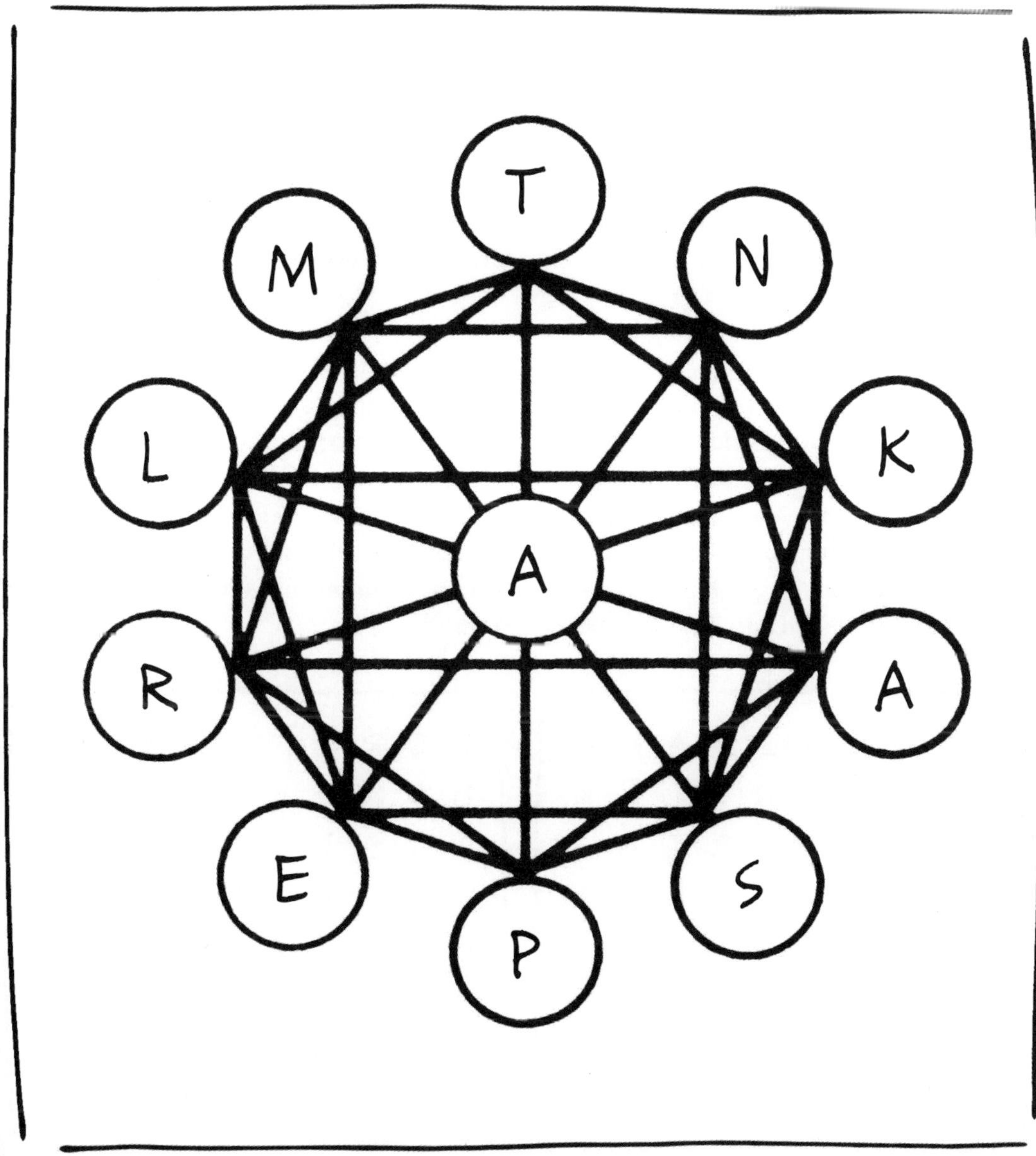
T
M
N
L
K
A
R
A
E
S
P

Tippfehler

- Alter: ab 10 Jahre
- Zahl der Spieler: ab 2

Dieses Spiel kann in größerer Runde gespielt werden, erfordert allerdings einige Vorbereitung durch einen Spielleiter, der die Aufgabe für die Runde stellt. Der Spielplan wird am Computer vorbereitet.

Mit einem PC-Textprogramm werden willkürlich zeilenweise Buchstaben aneinander gereiht, zum Beispiel in acht Zeilen zu je 25 Buchstaben. Dieser Buchstabensalat wird dann kopiert. Danach wechselt man eine Reihe von Buchstaben aus. Auf diese Weise erhält man einen ersten und einen zweiten Textblock und druckt sie so oft aus, wie Spieler in der Runde sind. Die Aufgabe: So schnell wie möglich, die Tippfehler im zweiten Textblock herauszufinden.

Wenn der Spielleiter das Spiel ankündigt, kann er dazu auch eine kleine Geschichte erzählen. Etwa dass ein Spion einen Geheimcode abzuschreiben hatte, bevor er ihn weitergeben sollte. Dabei seien ihm dann Tippfehler unterlaufen. Oder eine Sekretärin habe, obwohl die rechte Hand wegen eines gebrochenen Fingers eingegipst war, ganz schnell noch eine verschlüsselte Botschaft an einen Geschäftspartner im Ausland schreiben müssen. Was sie eben nur mit der linken Hand machen konnte …

B	O	R	O	D	I	N	A	U	W
H	U	N	T	E	R	Ü	L	Ü	K
W	I	S	I	G	O	R	I	H	U
Q	U	C	K	S	I	L	B	R	I
C	K	L	Ö	T	E	R	F	A	L
A	B	E	R	T	O	K	L	A	P
A	Ö	Ä	Ä	S	L	D	W	P	Y
O	P	A	S	L	I	D	O	R	T

B	O	R	O	F	I	N	A	U	W
H	U	N	T	E	R	Ü	L	Ü	K
W	I	S	I	G	O	R	I	H	U
Q	U	C	K	S	I	L	B	R	I
C	K	L	Ö	T	E	R	F	A	L
A	B	U	R	T	O	R	F	A	P
A	Ö	Ä	Ä	S	L	D	W	P	Y
O	P	A	S	L	I	D	O	R	T

Wo steckt das Wo

- Alter: ab 10 Jahre
- Zahl der Spieler: ab 2

Dieses Spiel ähnelt der Tippfehlersuche. Auch hier ist ein Textblock aus willkürlich aneinander gereihten Buchstaben vorzubereiten und dann als Kopie an die Spieler zu verteilen.

Bei dieser Version wird nur ein Text geschrieben. Darin ist einige Male das Wörtchen „WO" versteckt. Um die Spieler ein wenig in die Irre zu führen, taucht das O häufiger in dem Text auf, ist aber auch mit anderen Buchstaben verbunden.

Natürlich können sich die Spieler für dieses Spiel zur Abwechslung auch auf eine beliebige andere Buchstabenkombination verständigen.

J A B A L L W E R O B S A U K Ü G K W E L W P Ü

I K L O W E M C B B S H Ö R E V B G Ö W Ä A D S

B U W O P D M S K W I F Ö L A Ü N G L E O P W E

N B G L Q W O R P X S D W Ä Q Ü J F K W O W P L

V C K R P Q J J S Ö R O T P M Y F D L S Ö W Ä P

C F D E L A Ö Ü T O S H R T H S H L W Ö S G F W

B D K L W Ü O O W Z A N F Ö A B W O K L D S P W

C M K O P W K L D Ö S Ä W Ü R O T O M O D S W O

B A M I W O P B C H S L Ö W A S E I R O W P W N

O K L S P Q Ü R N X Ä A L R Q K O R P E Ü W Q N

C D L Q W P A Ä F B W V B H D Ä Q O S K W P E M

Untergetauchte Wörter

- Alter: ab 10 Jahre
- Zahl der Spieler: ab 2

Im Spiel *Wo steckt das Wo* ist nur ein zweisilbiges Wort untergetaucht: Man kann in einem ähnlich angelegten Textblock auch längere Wörter verstecken. Und zwar so, dass sie waagerecht, senkrecht oder diagonal zwischen den anderen willkürlich eingestreuten Buchstaben zu suchen sind.

Diese Spielvariante ist allerdings etwas aufwändiger in der Vorbereitung. Der Spielleiter, der das Spiel organisiert, wird am besten erst einmal von Hand in einem Raster die sechs oder sieben Wörter platzieren, die aus einem Themenbereich stammen, zum Beispiel Nahrungsmittel, Fahrzeuge oder ähnliches. Diese Wörter werden dann im PC zusammen mit „Blind- und Verwirrbuchstaben" mit einer Schrift geschrieben, die für alle Buchstaben die gleiche Laufweite hat. Nur dann, wenn im Textprogramm eine Schrift vorhanden ist, die zum Beispiel dem I den gleichen Platz einräumt wie dem W, funktioniert die Textvorbereitung, denn nur dann stehen die zu einem senkrecht oder diagonal angeordneten Wort gehörenden Buchstaben auch wirklich untereinander oder in korrektem Schrägverlauf.

Fehlende Vokale

- Alter: ab 10 Jahre
- Zahl der Spieler: ab 2

Ganz ohne Wertung, nur so aus Spaß, kann man dieses Spiel zu zweit oder mehreren spielen. Dabei lässt sich der persönliche Vorrat an Sprichwörtern auf amüsante Weise auffrischen.

Jeder schreibt ein Sprichwort oder auch so viele Sprichworte, wie ihm einfallen, auf seinen Zettel. Aber: Es werden nur die Konsonanten aufgeschrieben – nicht die Vokale! Und die Konsonanten listet man ohne Wortzwischenräume hintereinander auf!

Beispiele: LGNHBNKRZBN

KRHTDRHHNFDMMSTNDRTSCH

DSWTTRDRSBLBTWSST

Das Papier wird nun dem nächsten Spieler weitergereicht und der muss erraten, um welches Sprichwort es sich handelt. Sind alle Sprichworte von allen Spielern entschlüsselt, kann jeder auf dem Papier, das er vor sich hat, eine neue Konsonantenkette aufschreiben und einem Mitspieler zum Raten weiterreichen.

Inserat formulieren

- Alter: ab 14 Jahre
- Zahl der Spieler: ab 2

Wer mit Wörtern und Buchstaben nicht so frei und leicht spielen kann, mag beim Formulieren eines Telegramms etwas Schwierigkeiten haben: Ein Inserat ist da sicher leichter zu formulieren.

Jeder Spieler notiert auf seinem Blatt Papier einen Begriff, der Gegenstand der Anzeige sein soll:

- Eine Sache, die zum Beispiel als verloren gemeldet werden oder verkauft werden soll,
- eine Person, die vielleicht in der Rubrik Heiratsannoncen eine(n) Partner(in) sucht,
- oder ein Tier, das entlaufen ist, oder verschenkt werden soll.

Dieses Stichwort für das Inserat wird am Kopf des Papiers aufgeschrieben. Anschließend knickt man den Zettel um und reicht ihn entweder dem Gegenüber oder dem Nachbarn zur Rechten.
Nun ist das (unbekannte) Stichwort genauer zu beschreiben: die Eigenschaften, die Besonderheiten, das Aussehen, das Alter usw. Danach wird das Papier wieder umgeknickt und weitergereicht.
Nun kann das Inserat fertig gestellt werden, indem aufgeschrieben wird, was mit dem betreffenden Objekt geschehen soll: Wird es verkauft? Wird es gegen hohe Belohung gesucht? Wird die Bekanntschaft zwecks späterer Heirat oder auch nur zum Schachspielen gesucht ... Es gibt viele Möglichkeiten.
Danach öffnen die Spieler alle Zettel und lesen sich die entstandenen Anzeigentexte gegenseitig vor.

Verstümmelte Buchstaben

- Alter: ab 12 Jahre
- Zahl der Spieler: ab 2

Bei diesem Ratespiel geben nicht die fehlenden Vokale Rätsel auf, denn sie sind in den zu erratenden Wörtern vorhanden. Aber einige von ihnen, wie auch viele Konsonanten, sind verstümmelt.

Da steht zum Beispiel dieses eigenartige Wort: FISFIPAII. Es heißt eigentlich EISENBAHN. Und wenn man das korrekt geschriebene Wort mit dem aus verstümmelten Buchstaben vergleicht, ist die Spielregel klar: Den Buchstaben wird ein Teil genommen. Dem E zum Beispiel der untere Querstrich, dem N der Schrägstrich und der zweite Abstrich und auch das H verkümmert zu einem einzigen Strich.
Um daraus ein Spiel zu machen, müssen hier nicht alle Buchstaben in ihrer verstümmelten Form vorgegeben werden. Wer es nachspielen will, kann selbst ausprobieren, wie sehr sich die Buchstaben verändern – und erst recht die Wörter, die daraus dann gebildet werden. Damit die Mitspieler beim ersten Nachspielen und Raten nicht zu sehr irregeführt werden, kann man zum Beispiel vereinbaren, dass erst einmal bekannte Sprichwörter oder aktuelle Filmtitel oder Straßennamen aus der Umgebung verschlüsselt werden, ehe man zu schwierigeren Aufgaben übergeht.

Nummernschild

- Alter: ab 8 Jahre
- Zahl der Spieler: ab 1

Dieser kleine Zeitvertreib eignet sich, Kinder während einer längeren Autofahrt zu unterhalten. *Nummernschild* kann aber auch zu Hause in größerer Runde oder von einem Einsiedler gespielt werden.

Als Vorlage dient ein aus wenigstens zwei Buchstaben bestehendes Ortskürzel von einem Auto-Nummernschild. Um dieses Kürzel herum sollen möglichst viele Wörter gefunden werden.

Beispiel **PI** (für Pinneberg): S**PI**el, S**PI**on, **PI**rouette, S**PI**rale, **PI**rol.

Ortskürzel, die einen Vokal enthalten, liefern für jüngere Mitspieler bessere Vorlagen für ihre Wortschöpfungen; man kann es aber auch mal mit Kürzeln wie HH oder KT versuchen. Oder mit Ortskennzeichen aus drei Buchstaben.

Schneckenhaus

- Alter: ab 14 Jahre
- Zahl der Spieler: ab 2

Dieses Spiel um Wörter beginnt mit einer Zeichnung: Jeder Spieler zeichnet ein Schneckenhaus, eine Spirale also. Wie die hier abgebildete Zeichnung hat es 20 Fächer. Ein Spiel für Grübler, das – Nomen est omen – meist nicht gerade schnell geht.

Jeder Spieler denkt sich nun ein Wort aus, genauer: ein aus mehreren Begriffen zusammengesetztes Wort. Man schreibt den Anfangsbuchstaben in das erste Kästchen des Schneckenhauses und reicht dann das Blatt an den Gegenspieler (bei größeren Spielerrunden: an den rechten Nachbarn) weiter. Dieser wird den Anfangsbuchstaben um einen Buchstaben im zweiten Kästchen ergänzen – und dabei vielleicht an ein ganz anderes Wort denken als sein Vorgänger. Das Papier wird wieder weitergereicht, ein nächster Buchstabe muss angefügt werden. Wieder wird der Wortsinn wahrscheinlich in eine ganz andere Richtung verändert. Wer dabei scheitert und das Wort im Schneckenhaus nicht fortsetzen kann, scheidet aus. Bei zwei Spielern ist die Wahrscheinlichkeit etwas höher, dass jeder Spieler sein ursprünglich gedachtes Wort fortführen – und so vielleicht das ganze Schneckenhaus mit einem zusammengesetzten Wort füllen kann. Wenn nicht: Ein neues Schneckenhaus als Grundlage für ein neues Spiel ist schnell gezeichnet.

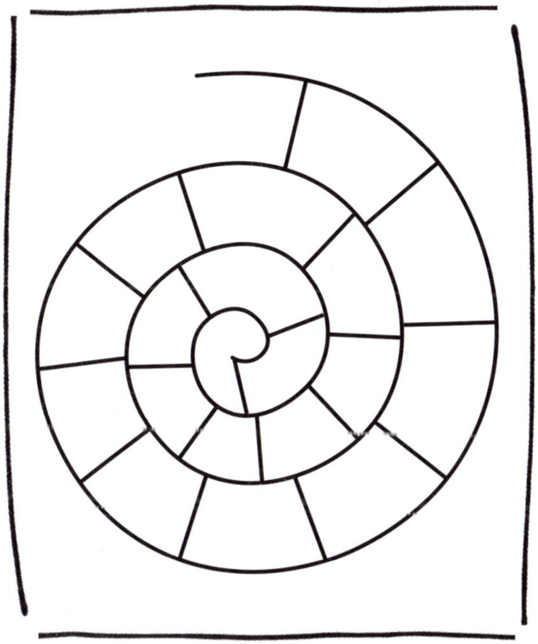

Sprichwörter in Aspik

- Alter: ab 18 Jahre
- Zahl der Spieler: ab 2

Morgenstund hat Gold im Mund – das ist knapp und bündig. Und so sind die meisten Sprichwörter: Die Aussage ist mit möglichst wenig Worten auf den Punkt gebracht und prägt sich genau deshalb leicht ein. Wenn jemand viele Wörter braucht, um etwas auszusagen, dann „sülzt" er und das wird hier zum Spiel gemacht.

Wenn Sprichwörter in Aspik gelegt werden, dann soll die einst knappe Formulierung in eine möglichst ausschweifende und dadurch auch nicht mehr so leicht verständliche Aussage umgewandelt werden. Aus der „Morgenstund" kann der „nicht genau definierte Zeitbereich zwischen dem Abschied der dunklen Nacht und dem ungewissen Anbruch eines neuen Tages" werden, der es „vielleicht mit sich bringt, dass die frühe Aufnahme einer beabsichtigten oder auch überraschend geforderten Tätigkeit einen gewissen Lohn mit sich bringt, dessen Wert nicht hoch genug eingeschätzt werden kann, auch wenn er meist ideeller Natur ist und deshalb kaum an dem im Sprichwort genannten Ort platziert werden kann." So oder ähnlich könnte die gesülzte Version von „Morgenstund' hat Gold im Mund" lauten. Das Aspik um das Sprichwort könnte aber auch ganz anders formuliert werden: Es hängt von der Fantasie und der wortschöpferischen Kreativität der beteiligten Spieler ab.

Mannschaftsduelle

Man kann daraus auch in einer größeren Spielrunde Duelle veranstalten: Jeweils zwei Spieler treten gegeneinander an und „sülzen" auf ihren Papieren so gut sie es vermögen. Die Zuhörer geben dann beim Vorlesen eine Wertung ab. Dabei benoten sie beispielsweise mit 1 bis 6 Punkten, wer sein Sprichwort wohl am besten in Aspik gelegt hat. Nachdem reihum alle mal dran waren, können die Spieler mit den höchsten Wertungen noch einmal antreten, bis eben am Ende ein „Obersülzer" ermittelt worden ist.

Lücken in der Geschichte

- Alter: ab 14 Jahre
- Zahl der Spieler: ab 2

Schüler kennen dieses Verfahren zur Genüge: In einem Text sollen an den durch Striche gekennzeichneten Stellen die fehlenden Begriffe aus dem Stoff der letzten Unterrichtsstunden eingetragen werden. Daraus lässt sich auch ein Duell auf dem Papier machen.

Jeder Spieler schreibt drei, vier Sätze aus der Tageszeitung ab. Nimmt man die vom Vortag, kann jedem ein Ausschnitt zum gleichzeitigen Abschreiben in die Hand gegeben werden. Der Zeitungstext wird aber nicht vollständig abgeschrieben, sondern jeder darf zehn Lücken lassen. Die Texte mit Lücken werden zwischen den Spielern getauscht, jeder trägt die seiner Meinung nach zutreffenden Wörter in die Lücken des Textes ein, den sein Gegenspieler ihm gegeben hat. Und wer als Erster fertig ist, darf das Spiel abbrechen und dann den kompletten Text vorlesen. Hat er alle Lücken richtig gefüllt, geht diese Spielrunde an ihn. Hat er Fehler gemacht, trägt der Gegenspieler den Sieg davon, ohne dass er sein Ergebnis vortragen muss.

Schnelle Reime

- Alter: ab 16 Jahre
- Zahl der Spieler: ab 2

Die Buchstaben eines vorgegebenen, nach dem Zufallsprinzip mit einer Nadel in einem Zeitungstext ausgepieksten oder auf Zuruf gefundenen Wortes können für diese amüsante Verwendung herhalten.

Jeder Spieler schreibt auf sein Blatt Papier die Buchstaben des Schlüsselworts, und zwar untereinander an den linken Rand und in der Reihenfolge, wie es sich aus dem Wort ergibt. Dann beginnt man mit dem Spiel. Man kann sich entweder vorher auf eine begrenzte Spieldauer einigen oder es offen spielen.
Jeder soll mit den vorgegebenen Buchstaben als Anfangsbuchstaben jeder Zeile Reime schreiben. Dabei bleibt es den individuellen Fähigkeiten der Spielteilnehmer überlassen, ob die Reime nach dem Schema a - b - a - b oder nach dem Schema a - b - b - a gedichtet werden. Eine Wertung ist für dieses Spiel nicht erforderlich. Das Vorlesen der Ergebnisse macht einfach viel Spaß …

Telegramm aufgeben

- Alter: ab 14 Jahre
- Zahl der Spieler: ab 2

Beim Spiel *Straßenkreuzung zerlegen* (siehe Seite 16) galt es, aus den Buchstaben des vorgegebenen Wortes möglichst viele neue Wörter zu finden: Ausschlaggebend war dabei die Menge der gefundenen Wörter. Etwas schwieriger – und darum für viele Spielrunden reizvoller – ist diese Variante.

Ein nicht zu kurzes Wort wird vorgegeben und von allen Spielern auf ihre Papiere geschrieben. Aus den Buchstaben dieses Wortes ist nun ein Telegramm zu formulieren. Dabei entscheiden die Spieler bei der einfachen Spielvariante selbst, in welcher Reihenfolge sie die vorhandenen Buchstaben als Anfangsbuchstaben im Text des Telegramms verwenden wollen oder können. Um einiges anspruchsvoller ist dieses Spiel, wenn die Wortanfänge genau in der Reihenfolge der Buchstaben verwendet werden müssen, wie sie im vorgegebenen Schlüsselwort erscheinen.
Wenn alle Telegramme formuliert sind, liest jeder seinen Text vor: Auf diese Weise trägt jeder zur Erheiterung der Runde bei und dies ist der Sinn des Spiels. Es muss keine Wertung für das sinnvollste oder heiterste Telegramm geben.

Das Urlaubs-Alphabet

- Alter: ab 10 Jahre
- Zahl der Spieler: ab 1

Manch ein Leser wird dieses Spiel vielleicht unter dem Namen *Bestandsaufnahme* kennen. Dabei lässt sich wunderschön herausfinden, wie konkret oder abstrakt Sprache sein kann.

Auf einem Blatt Papier schreibt jeder Mitspieler untereinander alle Buchstaben des Alphabets auf. Und zu jedem Buchstaben ist ein Wort zu finden, das einen inhaltlichen Bezug herstellt, zum Beispiel zum Begriff Urlaub. Wer als Erster für alle Buchstaben ein Wort gefunden hat, darf diese Spielphase beenden. Nun wird verglichen. Für jedes nur einmal gefundene Wort gibt es zwei Punkte, für mehrfach aufgeschriebene Wörter wird nur ein Punkt vergütet. Gewinner ist, wer sich die meisten Punkte gutschreiben konnte.
Wenn die Spielrunde Spaß an diesem Spiel gefunden hat, kann sie sich natürlich auch andere Vorgaben ausdenken: ein Familien-Alphabet, ein Berufe-Alphabet, ein Lebensmittel-Alphabet usw. Oder es ist Bestandsaufnahme von Gegenständen zu machen, die etwa in der Schule zu finden sind, im Feinkostladen, in der Küche oder im Wohnzimmer, wenn das Spiel dort gerade gespielt wird.

Anagramme

- Alter: ab 14 Jahre
- Zahl der Spieler: ab 2

Stellt man die Buchstaben eines Wortes um, entsteht ein Anagramm: Der Begriff „Buchstabe" wird zum Beispiel zu „Ebuchbast" oder „Schautebb" oder „Schabtube". Solche Anagramme kann jeder bilden – und dann als Spielmaterial für ein Wortgefecht mit einem Gegenspieler oder mehreren Mitspielern einsetzen.

Man schreibt sich zum Beispiel zehn Anagramme auf und sollte auf einem Merkzettel, den man behält, auch das Ausgangswort notieren. Dann tauscht man das Papier mit den Anagrammen mit dem Gegenspieler oder dem Nachbarn zur Rechten. Jetzt geht es darum, die Anagramme so schnell wie möglich zu entziffern. Bei einigen Wörtern ist es nicht ausgeschlossen, dass andere Wörter gefunden werden, als ursprünglich gemeint waren, denn schließlich enthalten zum Beispiel die Wörter Lagen und Nagel dieselben Buchstaben ...

Besonders interessant wird dieses Spiel vor allem für ältere Spieler, wenn die Buchstaben des Ausgangsbegriffs nicht willkürlich durcheinander gewirbelt werden, sondern wenn sinnvolle Anagramme entstehen müssen. Dann ist zum einen schon beim Verschlüsseln einiger Grips verlangt. Zum anderen wird das Entschlüsseln etwas schwieriger, denn man lässt sich von einem Anagramm, das Sinn macht, doch etwas daran hindern, den ursprünglichen Begriff zu erraten.

LEITER – TEILER

CHAOS – ACH SO

GEIST – SIEGT

KROATIEN – KREATION

Neues aus dem Hinterteil

- Alter: ab 14 Jahre
- Zahl der Spieler: ab 2

Es handelt sich um ein durch und durch anständiges Spiel: Jeder schreibt ein dreisilbiges Wort auf und reicht sein Papier dann nach rechts weiter. Der nächste Spieler versucht, aus dem hinteren Teil des Wortes ein neues Wort zu bilden, bevor er das Papier weitergibt.

Aus dem Wort **Spielkarte** wird dann zum Beispiel **Telefon**. Und das Wort Telefon bereitet dann vielleicht dem nächsten Spieler schon etwas Schwierigkeiten, denn was könnte er aus der Silbe „fon“ oder aus den beiden Buchstaben „on“ weiterentwickeln? Aber vielleicht kommt die Erleuchtung noch rechtzeitig und ihm fällt die **Fontanelle** ein, aus der der nächste Spieler dann zum Beispiel **Lebertran** ableiten könnte.
So kann das Spiel beliebig lang weitergehen. Bevor aber alle ermatten, kann vereinbart werden, dass für jeden Spielzug nur begrenzte Zeit zur Verfügung steht. Dann scheidet jeder Teilnehmer aus, dem in dieser Zeit nichts eingefallen ist. So bleiben am Ende zwei – oder auch nur ein Spieler übrig. Und der darf für die nächste Spielrunde das neue „Urwort“ benennen.

Geschichten erfinden

- Alter: ab 14 Jahre
- Zahl der Spieler: ab 2

Für dieses Spiel sind viele Bogen Papier bereitzuhalten, vor allem dann, wenn besonders fantasiebegabte Spieler an der Spielrunde beteiligt sind.

Ein Spielleiter bzw. ein Spieler aus der Runde piekst mit einer Nadel aus einem Zeitungstext zehn Hauptwörter. Alle Mitspieler schreiben diese Wörter auf ihr Blatt Papier – und beginnen dann, aus diesen zehn Wörtern Geschichten zu spinnen. Dabei sollten so wenig neue und ergänzende Wörter wie möglich hinzugefügt werden. Es werden also eher Geschichten im Telegrammstil zu formulieren sein. Um die entstehenden Geschichten etwas farbiger zu machen, kann der Spielleiter auch nach eigenem Gutdünken zusätzliche zehn Eigenschaftswörter und zehn Verben mit auf die Liste setzen.
Man kann bei diesem Spiel aber auch so verfahren, dass die Auswahl nicht auf Hauptwörter beschränkt wird, sondern alle im Zeitungstext mit 20 Nadelstichen durch Zufall getroffenen Wörter für die Spielaufgabe verwendet werden.

Wortkaskaden

- Alter: ab 10 Jahre
- Zahl der Spieler: ab 2

Wieder wird ein Wort festgelegt, das den Anfang einer möglichst langen Kaskade neuer Wörter macht. Doch anders als bei den *Wortketten* profitiert bei diesem Spiel jeder von den Einfällen derer, die sich vorher auf dem Papier eingetragen haben, das reihum geht. Und sehr wahrscheinlich wird die entstehende Wortkaskade bunter, um so mehr, wenn viele Spieler mitspielen.

Jeder Spieler schreibt das Anfangswort auf ein Blatt Papier, das er dann dem Nachbarn zur Rechten weitergibt. Der fügt ein Wort an, das wiederum als Anfangsbuchstaben den Endbuchstaben des ersten Wortes hat. Das Papier wandert nach rechts weiter und es soll nun ein drittes Wort aufgeschrieben werden. Das Papier wandert im Spielkreis immer weiter, jeder Spieler fügt der Kaskade ein neues Wort an. Wer nun aber kein passendes Wort finden kann, scheidet aus. Das Spiel geht so lange weiter, bis nur noch ein wortgewaltiger Spieler übrig bleibt. Sehr wahrscheinlich ist das viel später der Fall als bei den Wortketten.

Doppelt gemoppelt

- Alter: ab 10 Jahre
- Zahl der Spieler: ab 2

Doppelt gemoppelt hält besser. Das zumindest wird jeder Spieler dieses Spiels bestätigen. Kein Wort sollte allein bleiben, denn wer seine Worte nicht verkuppeln kann, hat bei diesem Spiel schlechte Karten.

Hier werden Doppelwörter gesucht: Jeder Spieler schreibt dazu erst einmal zehn bis fünfzehn Wörter (zum Beispiel Gegenstände) auf. Dann liest der erste Spieler sein erstes Wort vor: Hat ein anderer Spieler ein Wort auf seiner Liste, das sich mit dem vorgelesenen Wort zu einem Doppelwort verbinden lässt – wie etwa Haus und Dach oder Ball und Spiel –, werden beide Wörter von den Listen gestrichen. Lässt sich kein Doppelwort bilden, bleiben beide Begriffe auf den Listen der Spieler.
Dann liest der zweite Spieler sein erstes (übrig gebliebenes) Wort vor, das nun nach Möglichkeit doppelt gemoppelt werden soll. So geht es reihum, bis feststeht, dass sich aus den Nennungen keine neuen Doppelwörter mehr bilden lassen. Die Spieler zählen ihre verbleibenden Wörter, gewonnen hat der mit den wenigsten übrig gebliebenen Begriffen.

Spinnennetz

- Alter: ab 14 Jahre
- Zahl der Spieler: ab 2

Die hier abgebildete Figur mit Buchstaben auf den Knotenpunkten gleicht einem Spinnennetz, in dem sich die Spieler hin und her bewegen, um sozusagen Wörter zu fangen.

Man beginnt bei dem durch einen Pfeil gekennzeichneten Anfangsbuchstaben und wandert nun von einem Buchstaben zum anderen, bis das Wort komplett ist. Ein neues Wort beginnt nicht wieder beim Buchstaben unter dem Pfeil, sondern auf einem Knotenpunkt neben dem Schlussbuchstaben des vorigen Wortes.

Die hier gezeigte Buchstabenverteilung im Spinnennetz ist nur ein Beispiel. Im Anhang ist eine Vorlage zu finden, die für jeden Mitspieler kopiert oder gescannt werden kann. In die leeren Knotenpunkte können die Spieler von Spiel zu Spiel andere Buchstaben eintragen.

Ein unbeteiligter Spielleiter kann sie vorgeben, aber genauso gut können alle Spieler gemeinsam entscheiden, welche Buchstaben eingetragen werden sollen.

Dabei können Buchstaben auch mehrfach erscheinen. Erst der letzte Buchstabe füllt das Startfeld. Hier kann sich die Spielerrunde auf ein geeignetes Losverfahren einigen. Nach einer bestimmten Zeit – oder wenn kein Spieler noch etwas im Spinnennetz fangen kann – ist das Spiel zu Ende. Die Ergebnisse werden vorgelesen: Mehrfachnennungen ergeben für die Wertung keine Punkte. Die Wörter, die ein Spieler als Einziger gefunden hat, werden mit einem Punkt prämiiert. Es versteht sich von selbst, dass es deshalb nicht bei einer Spielrunde bleiben darf ...

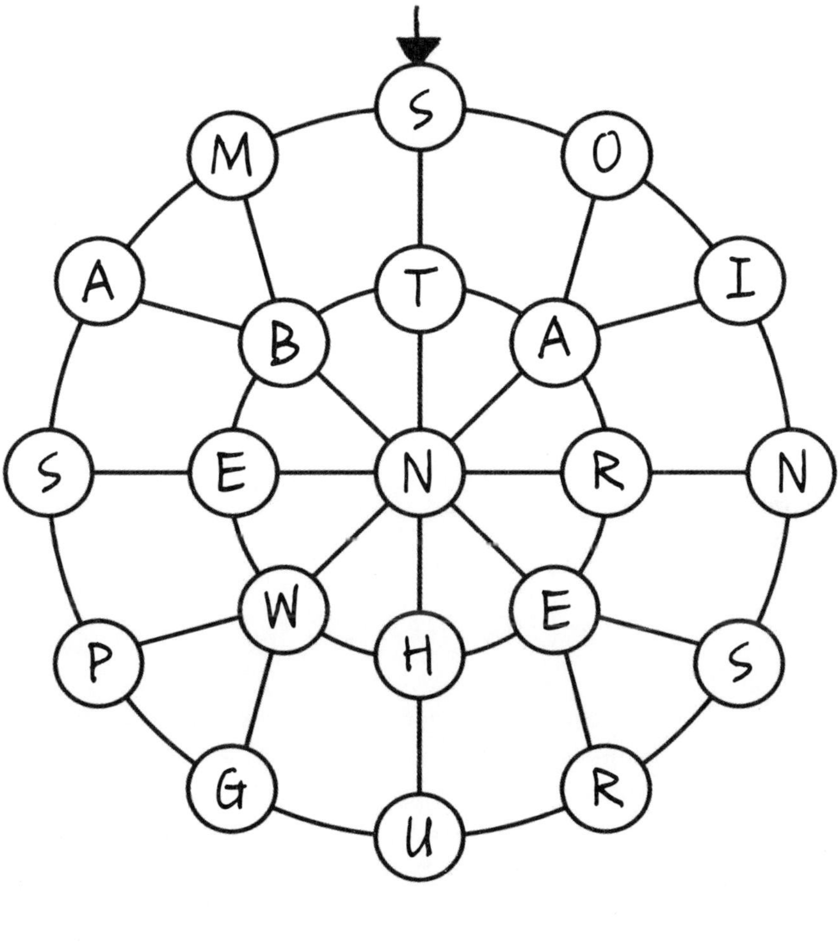
S
M
O
A
T
I
B
A
S
E
N
R
N
W
E
P
H
S
G
R
U

Kapitel Zwei
Zeichenspiele

Bei dem einen oder anderen Spiel in diesem Kapitel könnte ein zeichnerisch begabter Spieler Vorteile haben. Aber bei den meisten Vorschlägen geht es nicht um Zeichenkünste, sondern zum Beispiel um die witzige Umsetzung eines Begriffs. Oder es ergeben sich kuriose Bilder, weil mehrere Spieler dazu beigetragen haben, ohne die Beiträge des oder der anderen Mitspieler zu kennen. Kurzum: Es geht darum, Spaß zu haben. Und lustig wird es oft gerade dann, wenn die Mitspieler keine Künstler sind.

Kunst auf Raten

- Alter: ab 8 Jahre
- Zahl der Spieler: ab 2

Spielerisch entsteht bei diesem Spiel ein gemeinschaftliches Kunstwerk. Es dürfte nur wenige geben, die dieses lustige Spiel nicht kennen, für diese hier eine kurze Anleitung.

Jeder Spieler hat ein Blatt Schreibpapier und zeichnet darauf im oberen Viertel einen Kopf mit Halsansatz. Es steht jedem frei, ob er den Kopf eines Menschen oder eines Tiers zeichnet. Je nach Lust, Laune und Fantasie kann man den Kopf mit mehr oder weniger Details versehen. Wichtig ist: Die Zeichnung muss vor dem Mitspieler bzw. den anderen Spielern versteckt angelegt werden.

Hat jeder seine Zeichnung fertig, werden die Blätter so umgeknickt, dass nur noch der Halsansatz zu sehen ist. Das Blatt wird dem Gegenspieler oder – wenn mehrere sich an diesem Spiel beteiligen – dem Nachbarn zur Rechten weitergereicht. Jetzt ist ein Oberkörper zu zeichnen – wohlgemerkt: irgendeiner. Man muss also nicht versuchen, die Figur fortzuführen, deren Kopf man vorher auf seinem eigenen Blatt gezeichnet hat. Das Blatt wird wieder umgeknickt. Für den nächsten Zeichner sind nun die Ansätze für zwei Beine zu zeichnen, ehe das Blatt ein drittes Mal geknickt und an den nächsten Spieler weitergegeben wird.

Das Kunstwerk wird nun mit der letzten Rate fertig gestellt: Beine und Füße sind anzufügen. Man kann noch darunter schreiben lassen, wen oder was das auf Raten angefertigte Kunstwerk darstellen soll. Dann werden die Blätter geöffnet und die Überraschung wird umso größer sein, je unterschiedlicher die Figuren jedes einzelnen Mitspielers sind.

Lieder zeichnen

- Alter: ab 14 Jahre
- Zahl der Spieler: ab 2

Die Spieler stellen sich die Aufgabe, den Anfang eines bekannten Volkslieds in einer Zeichnung darzustellen. Wenn ein Liederbuch zur Hand ist, kann dessen Inhaltsverzeichnis helfen, sich rasch auf einen Titel zu einigen.

Sind alle Bilder fertig, werden die Ergebnisse verglichen: Wer hat es geschafft, die erste Textzeile oder den ersten Reim deutlich darzustellen? Oder wessen Bild gibt auch nach der Interpretation durch den Künstler noch Rätsel auf? Natürlich kann dieses Spiel auch als Duell angelegt werden: Jeder sucht aus dem Gedächtnis oder aus einem Liederbuch ein Lied aus, ohne dass der Gegenspieler weiß, um welches es geht. Nachdem die Zeichnungen fertig sind – während der Entstehung wird das Werk gegen den Mitspieler abgeschirmt –, zeigt jeder sein Bild dem anderen und lässt ihn erraten, welches Lied er gezeichnet hat.

Abstrakte Begriffe darstellen

- Alter: ab 14 Jahre
- Zahl der Spieler: ab 2

Niemand braucht ein Künstler zu sein, um einen Würfel, einen Baum oder einen Teller Spaghetti zu zeichnen. Aber wie stellt man einen abstrakten Begriff dar?

Die Spieler einigen sich auf ein Wort – oder jeder sucht für sich einen Begriff aus. Aber es muss wirklich ein abstrakter Begriff sein: Kälte, Freude, Heimweh, Zorn oder ähnliches. Es gilt nun, in einer vorher vereinbarten Zeit auf dem Papier den gewählten oder vereinbarten Begriff in ein Bild umzusetzen. Wer meint, er brauche dazu mehrere Farben, kann natürlich statt einer oder zweier Farben auch seinen ganzen Vorrat an Buntstiften einsetzen. Aber auch ein Bleistift kann genügen, ein abstraktes Wort erkennbar darzustellen. Gewonnen hat, wer in der vereinbarten Zeit die beste Darstellung zu Papier bringt.

Kunst mit Untertiteln

- Alter: ab 14 Jahre
- Zahl der Spieler: ab 2

Jeder Spieler zeichnet im oberen Teil eines Papiers ein beliebiges Motiv – ohne den Mitspielern zu zeigen, was es ist …

Das Blatt wird dem nächsten Spieler gereicht, der dem Dargestellten einen Titel gibt und das Papier dann so umknickt, dass nur dieser Titel zu sehen ist. Der Nachbar soll nun zu diesem Begriff ein ihm passend erscheinendes Bild zeichnen. Das Papier wird so umgeknickt, dass der vorher aufgeschriebene Untertitel nicht mehr sichtbar ist, das Papier wandert weiter und der nächste Spieler schreibt einen neuen Titel zum Bild. Hierzu zeichnet der nächste Spieler ein neues Kunstwerk usw. Am Schluss werden alle Papiere aufgefaltet und dann gibt es sicher einiges zu lachen.

Bilderrätsel zeichnen

- Alter: ab 14 Jahre
- Zahl der Spieler: ab 1

Früher nannte man diese Art von Rätsel „Rebus" und man zeigte als Illustration ein Reh, dahinter ein durchgestrichenes H und noch einen Bus. Damit war das Spiel eigentlich trefflich erklärt.

Ein beliebiges Wort wird buchstaben- oder silbenweise zerlegt und durch Objekte dargestellt, in denen ein ganzes Wort oder eine Silbe enthalten ist. Nicht benötigte Buchstaben werden aufgeschrieben und durchgestrichen. Ist ein Buchstabe des Motivs auszutauschen, damit er in den Suchbegriff passt, wird das zum Beispiel einfach so angezeigt: 2 = N.

Es dürfen – oder müssen – auch Wörter zwischen die Zeichnungen geschrieben werden, damit sich der Suchbegriff vervollständigen lässt. Je länger das zu erratende Wort ist und je mehr Silben es enthält, desto mehr lässt sich darstellen – aber desto schwieriger ist es vielleicht auch, die passenden Bilder für die Verschlüsselung zu finden und das Bilderrätsel zu lösen. Aber auch hier macht Übung den Meister und wer einmal mit diesem Spiel begonnen hat, wird großes Vergnügen dabei haben, neue Rätsel zu erfinden. Dazu braucht man auch keinen Mitspieler: Bilderrätsel kann man auch allein erfinden und zeichnen.

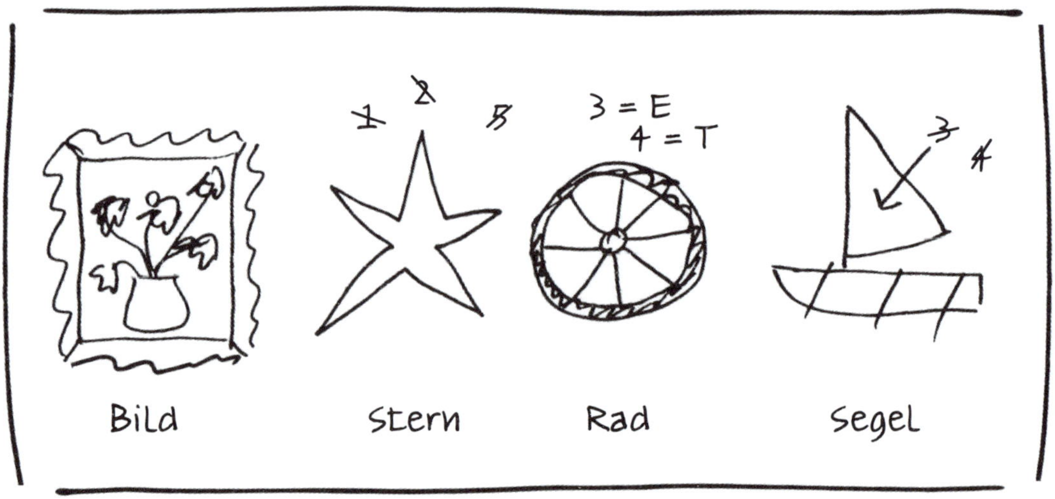

Mit links zeichnen

- Alter: ab 10 Jahre
- Zahl der Spieler: ab 1

Rechtshänder setzen ihr Leben lang zum Schreiben und Zeichnen nur ihre rechte Hand ein. Bei diesem Spiel wird zur Abwechslung mit der linken Hand gezeichnet. Linkshänder jedoch nehmen den Stift in die rechte Hand.

Man kann diese Lockerungsübung, die sich allerdings kaum für ein Duell eignet, einfach beginnen, indem man den Umriss eines Motivs oder einen großen Schriftzug aus einer Illustrierten, einem Prospekt oder Ähnlichem nachzeichnet.

Nachdem man dies mehrmals mit unterschiedlichen Vorlagen geübt hat, kann das Spiel mit einem höheren Schwierigkeitsgrad fortgesetzt werden: Jetzt ist eine – allerdings nicht zu schwierige – Figur freihändig neu zu zeichnen.

Etwas schwieriger!

Wenn man es sich einfach machen will, darf der Stift zwischendurch abgesetzt werden: Man kann aber auch verlangen, dass die Zeichnung ausgeführt wird, ohne dass man den Stift absetzen und an anderer Stelle neu ansetzen darf.

Sieben magische Punkte

- Alter: ab 14 Jahre
- Zahl der Spieler: ab 2

Dieses Spiel ist zwar auch als Duell geeignet, aber je mehr Spieler sich daran beteiligen, desto größer ist die Zahl unterschiedlicher Ergebnisse – und das macht den Reiz aus.

Jeder Teilnehmer zeichnet auf einem Blatt Papier sieben Punkte. Wo sie platziert werden, entscheidet er allein. Danach werden die Blätter getauscht, bzw. bei einer größeren Teilnehmerzahl eingesammelt, gemischt und neu verteilt. Die Aufgabe: Jeder Mitspieler soll einen gemeinsam bestimmten, gleichen Gegenstand zeichnen und muss dabei natürlich die sieben magischen Punkte in seiner Zeichnung verwenden – sei es als Teil der Umrisslinie, sei es als Detail in der Zeichnung. Daher sollten die sieben magischen Punkte deutlich markiert sein, damit sie auch in den fertigen Bildern eindeutig identifiziert werden können.

Durch den Spiegel zeichnen

- Alter: ab 10 Jahre
- Zahl der Spieler: ab 1

Wenn man das Papier, auf das man zeichnet, nicht direkt, sondern nur durch einen Spiegel betrachten kann, ist das Zeichnen so schwierig als nähme man dazu die linke Hand.

Dabei darf diesmal der Stift mit der rechten Hand geführt werden (Linkshänder zeichnen natürlich mit links). Ein Blatt Papier liegt auf dem Tisch, zwischen dem Spieler und dem Papier steht ein Buch und hinter dem Papier steht ein Spiegel. Diese Anordnung muss zuverlässig direkte Sicht auf das Papier verhindern: Nur im Spiegel ist das Papier und das, was darauf entstehen soll, zu sehen.
Wieder kann man eine einfache Variante spielen: Der Umriss einer Figur auf dem Papier oder ein großes, möglichst in Schreibschrift dargestelltes Wort sind nachzufahren. Oder man stellt die sicher schwierigere Aufgabe, eine einfache Figur oder ein Wort neu zu zeichnen bzw. zu schreiben.
Man kann sich aber auch einer noch größeren Herausforderung stellen: Die eben fertig gezeichnete Figur soll in diesem Fall schön gleichmäßig schraffiert werden. Darüber hinaus kann noch vorgeschrieben werden, dass die Schraffurlinien von links unten nach rechts oben verlaufen sollen.

Für jüngere Spieler

Eine scheinbar einfache Aufgabe kann schon einige Schwierigkeit bereiten – und unter den Zuschauern viel Gelächter auslösen: Die gleiche „Versuchsanordnung" mit einem Buch im Vordergrund, einem Spiegel im Hintergrund und dazwischen auf dem Tisch einem Papier, auf das ein Rechteck oder Quadrat gezeichnet ist. Jetzt lautet die Aufgabe, eine Diagonale von, zum Beispiel, links unten nach rechts oben zu ziehen ...

Labyrinth zeichnen

- Alter: ab 14 Jahre
- Zahl der Spieler: 2

Von Runde zu Runde ändert sich hier die Aufgabe für die beiden Duellanten. Sie wechseln sich im Verteilen der Zahlen auf dem Papier ab.

In der ersten Runde verteilt der eine Spieler die Zahlen von eins bis zehn in ganz willkürlicher Anordnung auf einem Blatt Papier. Der

zweite Spieler soll die Ziffern in aufsteigender Reihenfolge durch eine ununterbrochene Linie miteinander verbinden. Die Linie darf sich nicht selbst kreuzen – und deshalb wird es nicht in jedem Fall gelingen, bis zur Zahl zehn zu gelangen.
In der nächsten Runde setzt der Spieler, der eben die Linie – erfolgreich oder nicht – gezogen hat, nun die zehn Zahlen auf das Papier.

Stummes Zeichnen

- Alter: ab 10 Jahre
- Zahl der Spieler: 2

Zwei Spieler nehmen gemeinsam einen Stift in ihre Hände und zeichnen – ohne dass sie dabei miteinander sprechen dürfen!

Gezeichnet wird etwas, das sie entweder vorher vereinbart haben oder das ihnen von anderen in der Spielerrunde vorgegeben wurde. Zwei Hände führen einen Stift auf dem Papier, das entweder vor ihnen an einer senkrechten Fläche befestigt ist oder zwischen ihnen auf dem Tisch liegt. Noch einmal: Die beiden dürfen nicht reden.
Für den Anfang mag die Version, dass das Papier sich vertikal vor den zwei Spielern befindet, die leichtere Version sein. Es wird bei diesem Spiel, das natürlich keine Punktwertung mit sich bringt, ohnehin kompliziert genug sein, sich wortlos darauf zu einigen, wer führt, wer nachgibt, in welche Richtung eine Linie verlaufen oder welches Detail an welcher Stelle in die Zeichnung eingefügt werden soll.
Haben die Spieler das Papier zwischen sich liegen, dann weist das Spiel eine zusätzliche Schwierigkeit auf: Ein Spieler sieht das zu zeichnende Objekt aufrecht, für den anderen steht es auf dem Kopf. Es sei denn, die beiden einigen sich vorher darauf, dass sie ihr Kunstwerk jeweils von der Seite her angehen.

Tri-Line

- Alter: ab 10 Jahre
- Zahl der Spieler: 2

Dies ist eine weitere Variante, Dreiecke zu zeichnen. Die beiden Spieler spielen mit Stiften in verschiedenen Farben auf einem Papier, auf dem von einem der beiden Kontrahenten sechs Punkte beliebig platziert werden.

Zunächst verbindet ein Spieler in einem Zug vier Punkte miteinander, wobei die Linie keinen weiteren Punkt berühren darf. Dann zieht der zweite Spieler eine Linie, die vier Punkte miteinander verbindet, wobei er auch vom ersten Spieler gespielte Punkte ansteuern darf.

Die Auswertung wird erleichtert, wenn man die Punkte, die im Spiel verwendet worden sind und auch die Schnittpunkte der Linien durchnummeriert oder mit Buchstaben von A bis … kennzeichnet.

Quadrate zerlegen

- Alter: ab 14 Jahre
- Zahl der Spieler: ab 1

Ein Spiel für Wartezeiten und ein typisches Einsiedlerspiel. Es kann aber auch als Duell oder als kurzweiliger Denksport von einer größeren Runde gespielt werden.

Jeder Spieler zeichnet für den Anfang ein zum Beispiel aus vier mal vier Feldern bestehendes Quadrat auf das Papier: Dieses Quadrat soll mit vier geraden Strichen so geteilt werden, dass möglichst viele Teilflächen entstehen.

Eine erste Variante stellt nun die Aufgabe, das vier mal vier Karos große Quadrat in zwei deckungsgleiche Hälften zu teilen. Auch hier gibt es mehrere Lösungsmöglichkeiten, die vielleicht nicht auf Anhieb gefunden werden. Wer einmal angefangen hat, wird wahrscheinlich noch längere Zeit darüber grübeln, welche Teilungsstriche noch gefunden werden können. Oder er wird nach weiteren Lösungen suchen und sich die Teilung eines sechs mal sechs oder auch acht mal acht Karos großen Quadrats zur Aufgabe stellen. Eine zweite Variante: Diesmal wird nicht ein Karofeld gezeichnet, sondern es wird ein Quadrat nur durch fünf mal fünf Punkte auf dem Papier markiert. Jetzt lautet die Aufgabe, diese Fläche in vier gleich große und gleich geformte Teile zu zerlegen. Bei diesem Spiel dürfen nicht nur gerade Linien, sondern auch abgewinkelte Linien gezogen werden – die Abwinklungen liegen aber immer auf den Punkten.

Auch dieses Problem kann einen Einsiedler Wochen oder gar Monate beschäftigen. Es erweist sich als praktisch, gleich mehrere Spielfelder auf einem DIN-A4-Blatt anzulegen und dieses Blatt mehrfach zu kopieren. So hat eine Spielrunde ausreichend Spielmaterial und

Fast 100 mögliche Lösungen

Wenn dieses Zeichenspiel als Wettbewerb von zwei oder mehr Spielern gespielt wird, will man am Ende ermitteln, wer die meisten Lösungen gefunden hat. Für diesen Fall empfiehlt es sich, von vornherein festzulegen, ob man auch spiegelbildlich angelegte Teilungen als zählbares Ergebnis werten will. Einigt man sich darauf, benötigt jeder Spieler eine größere Zahl von Spielbögen, denn dann können fast 100 Lösungen gezeichnet werden.

jeder kann immer neue Lösungen erfinden, ohne erst die fünf mal fünf Punkte aufs Papier zu zeichnen. Vor allem behält man auch stets die Übersicht darüber, welche Formen man schon gefunden hat. Eine Kopiervorlage ist im Anhang zu finden.

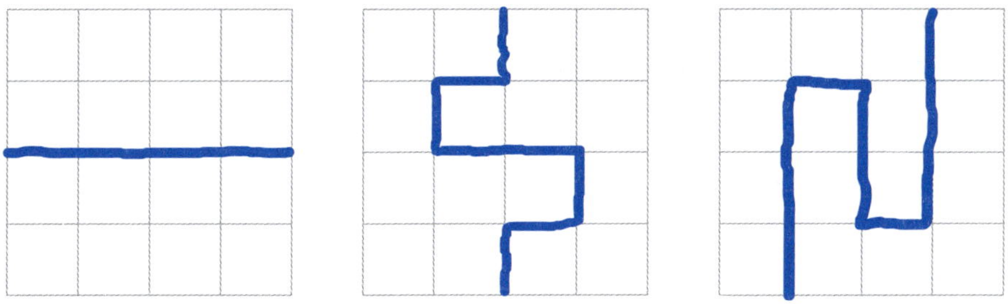

1. Variante

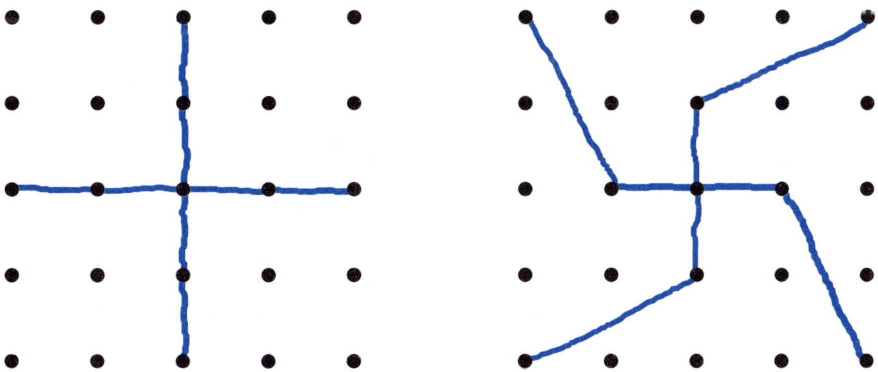

2. Variante

Zellteilung

- Alter: ab 14 Jahre
- Zahl der Spieler: 2

Auf das von den beiden Duellanten gemeinsam bespielte Papier wird zunächst ein nicht zu kleines Quadrat mit jeweils zwei schwarzen und zwei roten Seiten gezeichnet. Am Ende gewinnt der Spieler, der die meisten Zellen in seiner Farbe markiert hat.

Am Anfang zeichnen die Spieler die Quadratseiten mit den von ihnen verwendeten Farben auf das Papier. Der erste Spieler zieht von einer seiner Quadratseiten eine im rechten Winkel abknickende Linie zu einer Quadratseite der zweiten Farbe. Es ist ein Viereck entstanden, das der Gegenspieler jetzt mit einer ebenfalls rechtwinklig abknickenden Linie durchkreuzen muss.

Der erste Spieler zieht im nächsten Zug von seiner zweiten Quadratseite aus eine rechtwinklig abknickende Linie zur zweiten Quadratseite der anderen Farbe, woraufhin der zweite Spieler ebenfalls von der zweiten Seite seiner Farbe zur zweiten Quadratseite des Gegners einen Winkelzug macht. Ein weiteres Mal sind beide Spieler damit beschäftigt, Linien zu ziehen; danach kann die Auswertung beginnen: Die entstandenen „Zellen“ mit ausschließlich oder überwiegend gleichfarbigen Seiten fallen dem Spieler zu, der die betreffende Farbe im Spiel hat. Er markiert das Teilfeld mit einem Zeichen in seiner Farbe. Wenn Zellen mit der gleichen Zahl schwarzer und roter Seiten eingefasst sind, werden diese Zellen nicht gewertet.

Für jedes Dreieck, dessen Seiten nur eine Farbe aufweist, bekommt der Spieler, der diese Farbe verwendet, drei Punkte; jedes Dreieck mit zwei Seiten in einer Farbe wird mit zwei Punkten bewertet. Weil bei den Spielzügen der beiden Kontrahenten auch Linien gekreuzt wurden, werden manche Linien doppelt bewertet. Deshalb muss man das entstandene Liniengeflecht sehr genau prüfen, damit man kein Dreieck übersieht und dadurch Punkte verschenkt.

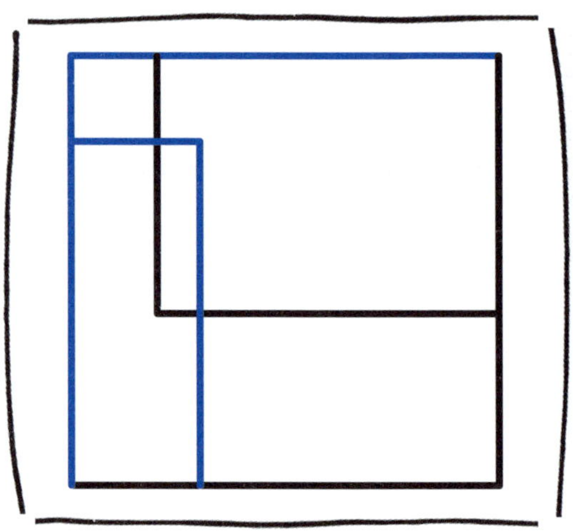

Die letzte Linie

- Alter: ab 10 Jahre
- Zahl der Spieler: ab 2

Auf ein Blatt Papier zeichnet ein Spieler, oder auch ein am Spiel nicht Beteiligter, eine beliebige Zahl von Zahlenpaaren: Je mehr, desto besser, denn dann dauert das Spiel länger.

Abwechselnd bzw. der Reihe nach verbindet nun jeder Spieler jeweils zwei gleiche Zahlen durch eine Linie. Die Linie darf aber weder eine andere Zahl kreuzen noch eine andere Linie. Es darf an jeder beliebigen Stelle eine Linie gezogen werden. Die Zahlen müssen also nicht in aufsteigender Ordnung miteinander verbunden werden.
Im Verlauf des Spiels wird es immer schwieriger, noch eine Möglichkeit zur Verbindung zweier Zahlen zu finden, Da sind unter Umständen sehr krause Umwege um die schon gezogenen Striche zu machen. Das Spiel ist beendet, wenn ein Spieler keine Linie mehr ziehen kann: Er hat das Spiel verloren und darf dafür für die nächste Runde die Zahlen auf ein neues Blatt Papier setzen.

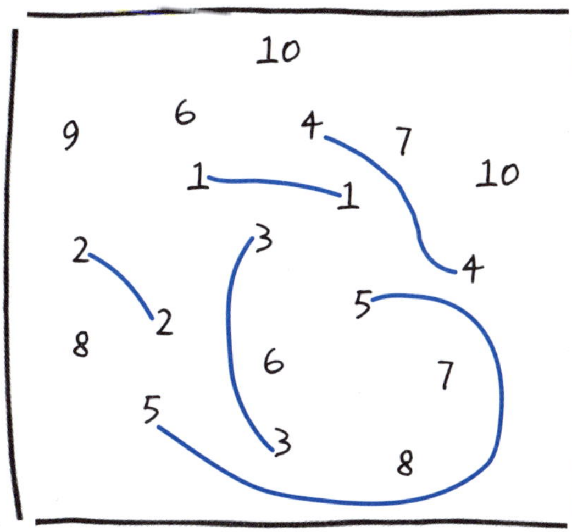

Dreieckchen

- Alter: ab 10 Jahre
- Zahl der Spieler: 2

Auf einem Blatt Papier werden Punkte gezeichnet, willkürlich auf der Fläche verteilt. Je mehr es sind, desto länger dauert das Spiel.

Die Spieler ziehen dann – mit Stiften in unterschiedlichen Farben – abwechselnd Teilstriche zwischen zwei Punkten und verfolgen dabei wieder das Ziel, Dreiecke zu schließen. Dabei dürfen sie auch Linien des Gegenspielers für ein eigenes Dreieck nutzen.
Hat ein Spieler ein Dreieck geschlossen, kennzeichnet er es durch ein Zeichen mit sei-

ner Farbe (am einfachsten mit einem x oder einem o). Am Schluss werden die Dreiecke gezählt: Wer die meisten für sich verbuchen kann, hat diese Spielrunde gewonnen. Dabei spielt es keine Rolle, ob ein „farbreines" Dreieck gezählt wird, oder ob die Farbe des Gegenspielers an einem Dreieck beteiligt ist.

Dreiecke vermeiden

- Alter: ab 10 Jahre
- Zahl der Spieler: 2

Die amüsante Umkehrung des Spiels *Dreiecke schließen* beginnt wieder damit, dass auf einem Kreis sechs Punkte in regelmäßigen Abständen gezeichnet werden.

Die beiden Spieler setzen Stifte mit unterschiedlichen Farben ein und ziehen abwechselnd: Jeweils zwei Punkte sind mit einem geraden Strich zu verbinden. Die Linien dürfen sich kreuzen. Jeder Spieler versucht zu vermeiden, ein Dreieck mit drei Seiten in seiner Farbe zeichnen zu müssen. Zugleich versucht aber auch jeder, den Gegenspieler in Zugzwang zu bringen, so dass dieser die dritte Dreieckseite in seiner Farbe zeichnen muss. Dann ist das Spiel beendet und für den verloren, der das erste Dreieck in seiner Farbe schließen muss.

Sprössling

- Alter: ab 14 Jahre
- Zahl der Spieler: 2

Dieses originelle Spiel aus den 1960er-Jahren fand rasch Anhänger in aller Welt. Bis heute erfreut es sich bei Schülern und Erwachsenen großer Beliebtheit.

Zunächst werden drei Punkte gezeichnet, weitere Punkte folgen im Verlauf des Spiels . Der erste Spieler verbindet entweder zwei Punkte durch eine gerade oder gebogene Linie oder er zieht eine kreisförmige oder ovale Linie und kehrt zu seinem Anfangspunkt zurück. Irgendwo auf der Linie wird ein neuer Punkt gesetzt, von dem aus dann der zweite Spieler einen neuen Spross, eine Verbindungslinie zu einem anderen Punkt, ziehen muss. Die Spieler ziehen nun abwechselnd Verbindungslinien. Sie dürfen keine vorher gezogene Linie oder sich selbst kreuzen. Und von keinem Punkt dürfen mehr als drei Linien ausgehen: Dann ist der Punkt „tot", wobei auch die zu einem Punkt zurückkehrende Linie mitgezählt wird. Wer nicht mehr ziehen kann, hat das Spiel verloren. Sicher beginnt sofort eine neue Spielrunde denn Sprössling (oder *sprouts* in der Sprache des Erfinders) macht süchtig.

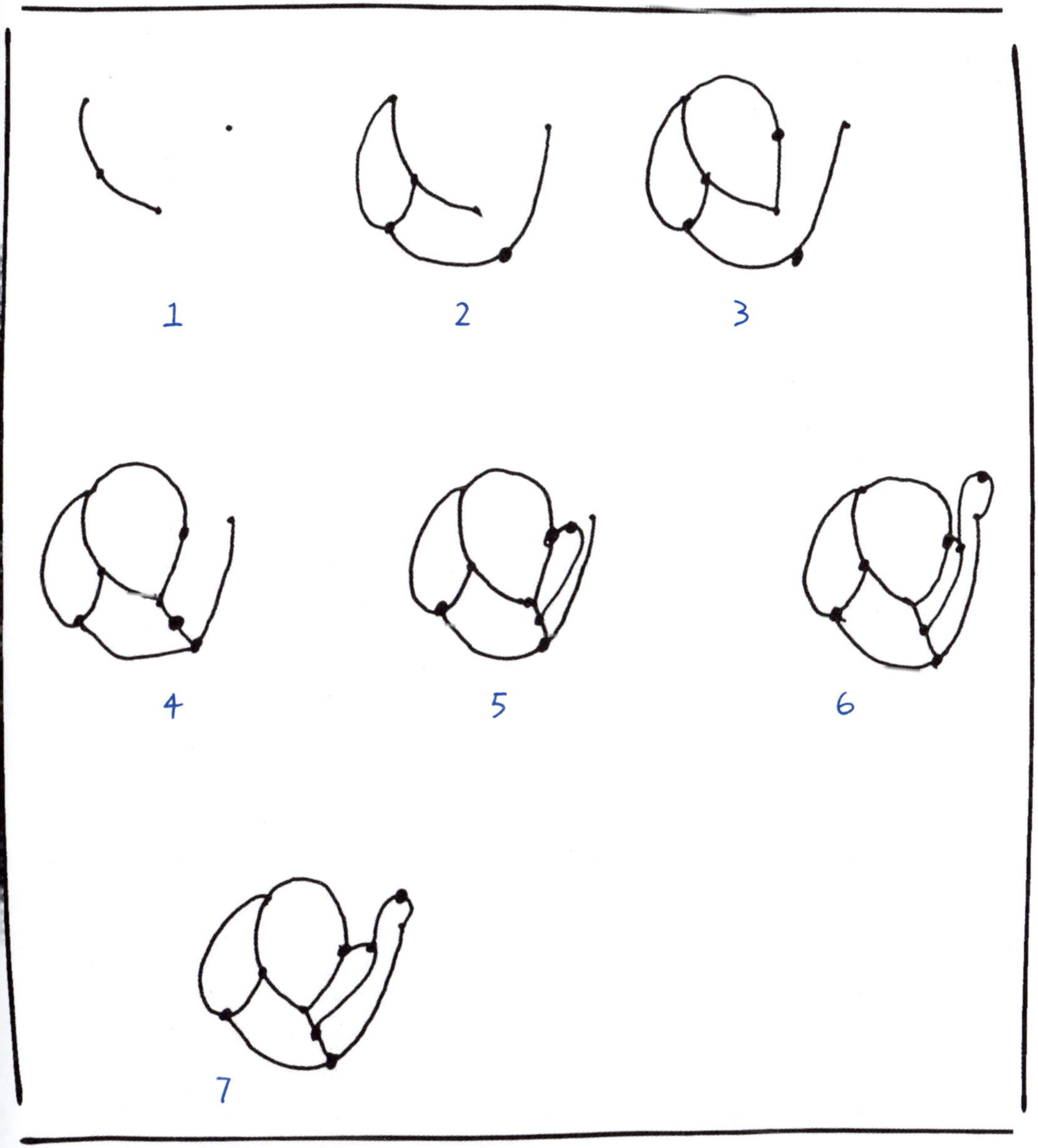
1
2
3
4
5
6
7

Nichts geht mehr

- Alter: ab 10 Jahre
- Zahl der Spieler: 2

Dieses Spiel ist eine Variante von *Die letzte Linie* (siehe Seite 55). Vier mal vier Punkte, zum Quadrat angeordnet, werden auf ein Blatt Papier gezeichnet. Sie sind in einer durchgehenden Linie miteinander zu verbinden.

Die Spieler ziehen jeweils abwechselnd zwischen zwei Punkten eine Linie, an die der Gegenspieler stets anschließen muss. Die Teilstriche dürfen waagerecht, senkrecht oder diagonal gezogen werden. Irgendwann lässt sich die Linie nicht fortsetzen: Wer den letzten Teilstrich gezogen hat, hat verloren.

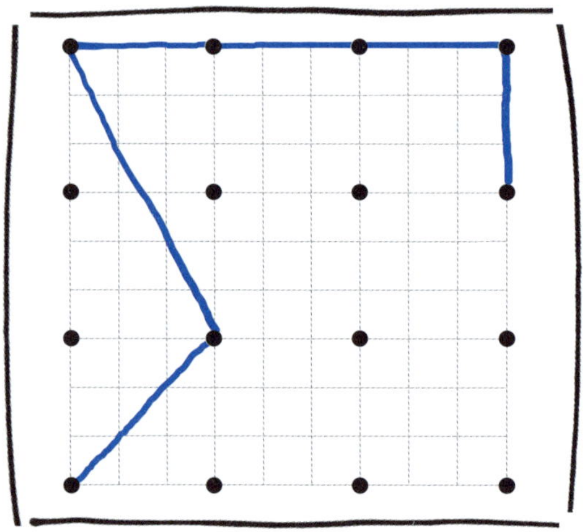

Länder erobern

- Alter: ab 14 Jahre
- Zahl der Spieler: 2

Der Titel dieses Spiels klingt kriegerisch, aber es geht hier eigentlich friedlicher zu als beim *Schiffe versenken* (siehe Seite 84).

Die beiden Spieler postieren ihre Armeen in den Ländern auf dem Spielfeld. Sie feuern keine Schüsse ab, sondern zählen am Ende die ihnen verbleibenden Armeen bzw. Länder. Zunächst muss eine Landkarte gezeichnet werden, die mindestens 20 Länder aufweisen sollte. Die beiden Spieler können abwechselnd ein Land nach dem anderen anfügen und fortlaufend mit Buchstaben kennzeichnen. Im Anhang dieses Buches ist aber auch eine Vorlage zu finden, die so oft kopiert werden kann, dass Spielflächen für beliebig viele Eroberungen zur Verfügung stehen.
Jeder Spieler besitzt 20 Armeen. Eine beliebige Teilmenge wird abwechselnd in den einzelnen Ländern stationiert. Jeder entscheidet selbst, ob er wenige Länder mit jeweils vielen Armeen okkupiert oder ob er kleinere Truppenkontingente in möglichst vielen Ländern stationiert. Damit die Auswertung leichter (und korrekter) abgewickelt werden kann, sollten die Spieler Stifte mit unterschied-

lichen Farben verwenden. Oder ein Spieler unterstreicht seine Zahlen.
Wenn alle Spieler ihre Armeen stationiert haben (oder wenn alle Länder besetzt sind, auch wenn nicht alle Armeen verteilt sind), beginnt die Phase der Auswertung. Oder: Jetzt zeigt sich, wer welche Länder des Gegenspielers als erobert bezeichnen darf. Ein Spieler erobert ein vom Gegner besetztes Land, wenn er in seinen direkt angrenzenden Ländern mehr Armeen stationiert hat. Die Zahlen der Armeen in den eroberten Ländern werden durchgestrichen, sie spielen nun keine Rolle mehr. Stehen Armeen in einem isolierten Land, das nicht von gegnerischen Armeen umgeben ist, spielen diese für die Wertung keine Rolle.

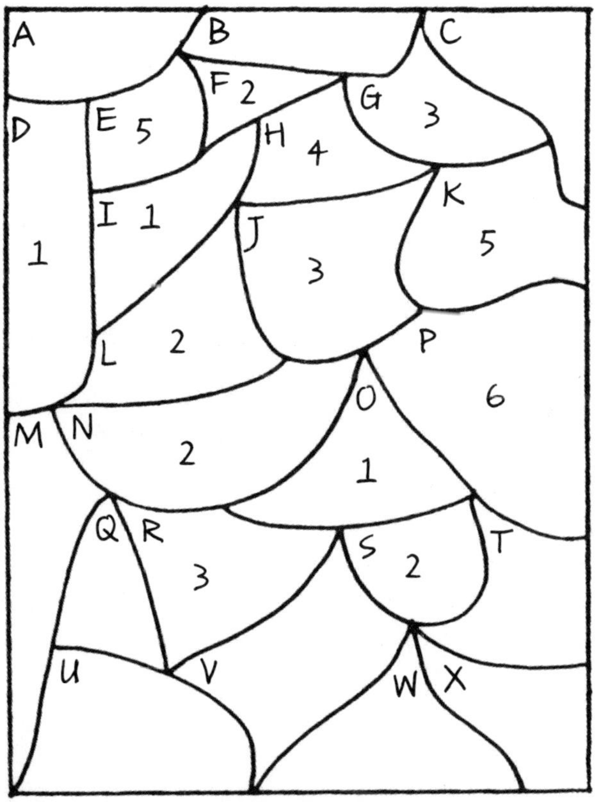

Dreiecke schließen

- Alter: ab 10 Jahre
- Zahl der Spieler: 2

Auf einem Blatt Papier wird ein Kreis gezeichnet, auf dem in einigermaßen gleichen Abständen sechs Punkte markiert werden. Statt mit einem Zirkel kann man den Kreis auch von Hand zeichnen.

Die Spieler verbinden mit ihren Stiften in unterschiedlichen Farben nacheinander zwei Punkte durch eine gerade Linie. Jeder Spieler kann dabei an einem beliebigen Punkt ansetzen. Ziel ist es, Dreiecke zu schließen. Wer ein Dreieck schließen kann, dessen drei Seiten ausschließlich seine Farbe zeigen, bekommt dafür zwei Punkte. Einen Punkt gibt es für ein Dreieck, das nur zwei Seiten in der eigenen Farbe aufweist.

Weil sich mit zunehmender Spieldauer immer mehr Linien kreuzen, werden beim Schließen eines Dreiecks kleinere Dreiecke eingeschlossen. Da muss man aufpassen, dass man dem Gegenspieler nicht unverhofft ein Dreieck und einen Punkt schenkt.

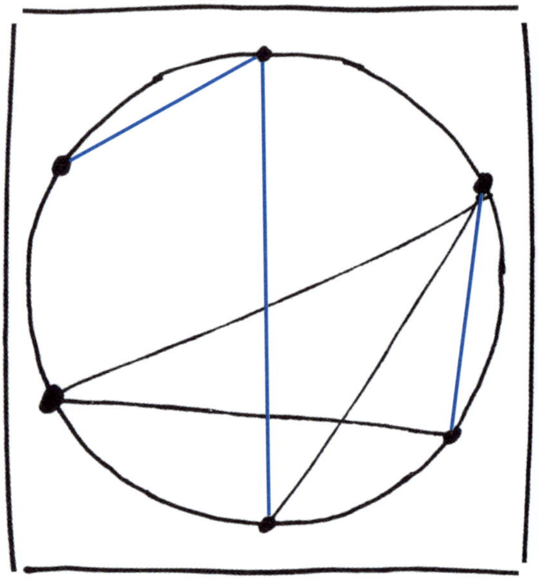

Schweinchen blind

- Alter: ab 8 Jahre
- Zahl der Spieler: ab 2

Sollte in einer Spielrunde eine Person sein, von der bekannt ist oder die sich selbst rühmt, dass sie gut zeichnen kann, dann sollte sie einmal diesem spielerischen Test unterzogen werden.

Die Augen werden verbunden und dann soll ein Schweinchen gezeichnet werden. Und wenn der „Künstler“ fertig ist, dann möchten wohl alle anderen in der Runde zu einem Vergleich antreten: Jeder darf blind ein Schweinchen zeichnen. Anschließend kann verglichen werden, ob das Zeichentalent auch bei diesem Spiel zutage tritt.

Die Montagsmaler

- Alter: ab 8 Jahre
- Zahl der Spieler: ab 2

So mancher erinnert sich sicher an die dienstags gesendete Fernsehserie mit dem Titel *Die Montagsmaler*. Die Idee lässt sich in jeder Spielrunde umsetzen. Und je größer die Runde, desto besser.

Man braucht viele Bögen Schreibpapier oder Packpapier. Auch die Rückseite von gebrauchtem Geschenkpapier erfüllt den Zweck. Am besten eignet sich ein dicker Filzstift, damit alle in der Runde den Fortgang der Zeichnung mitverfolgen können.

Ein Spieler ist der erste Spielleiter: Seine Aufgabe besteht darin, dem Spieler zu seiner Rechten einen Begriff, einen Gegenstand oder auch eine Redensart bzw. ein Sprichwort zu zeigen, welche er auf einem Zettel aufgeschrieben hat. Nur der Spieler, der jetzt an der Reihe ist, weiß also, was er nun zeichnerisch darzustellen hat – und die anderen sollten es so schnell wie möglich erraten. Ist die Aufgabe gelöst, übernimmt es nun der Spieler, der gerade gezeichnet hat, seinem Nachbarn eine neue Aufgabe zu stellen.

So wandert das Spiel durch die ganze Runde, bis jeder einmal dran war. Wenn das Spiel Spaß gemacht hat, können natürlich weitere Runden angehängt werden.

Sechs Punkte, zehn Linien

- Alter: ab 10 Jahre
- Zahl der Spieler: 2

Auf dem Papier, auf dem beide Spieler gemeinsam spielen, werden sechs Punkte in willkürlicher Anordnung verteilt. Um die spätere Auswertung zu erleichtern, bezeichnet man sie mit den Buchstaben A bis F.

Die beiden Kontrahenten verbinden abwechselnd mit ihren Stiften in verschiedenen Farben zwei Punkte mit einem geraden Strich. Jeder Spieler ist insgesamt zehnmal am Zug. Das klingt einfach – ist es aber nicht. Denn jeder Spieler verfolgt das Ziel, möglichst viele Dreiecke zu bekommen, die beim Kreuzen der Linien entstehen.

- Damit ein Dreieck einem Spieler mit drei Pluspunkten angerechnet wird, muss es drei Seiten der eigenen Farbe aufweisen.

- Dreiecke mit zwei Seiten der eigenen Farbe bringen zwei Punkte.
- Zudem wird man im Verlauf des Spiels darauf achten, dass der letzte eigene Zug dem Gegner nicht den Vorteil verschafft, nun ein Dreieck zu schließen – womöglich noch ein Drei-Punkte-Dreieck.

Nach insgesamt zehn Zügen ist die aktive Phase des Spiels beendet, auch wenn danach noch weitere Striche gezogen werden könnten. Jetzt ist die entstandene Situation noch übersichtlich und es werden einmal die entstandenen Kreuzungspunkte fortlaufend von G bis X gekennzeichnet.

Anschließend wird gemeinsam ausgewertet, und zwar fair: Keiner sollte ein Dreieck, in der Auflistung übersehen, das dem Gegenspieler Punkte bringt. Damit wirklich alles richtig ausgezählt wird, schreibt man am besten in zwei Kolumnen – je eine für Spieler A und B – die Dreiecke mit ihren Eckpunkten und den Werten untereinander auf und addiert am Schluss die Punkte.

Die Spieler sollten diese Version zunächst einige Male mit maximal zwei mal fünf Zügen spielen. Dabei bekommen sie ein Gespür dafür, wie viel Aufmerksamkeit und Taktik nötig sind, um dem Gegenspieler keine Vorteile zu verschaffen. Später kann dann auch so lange weitergespielt werden, bis wirklich kein Zug mehr möglich ist. Bei dieser Variante sollten die Punkte aber mit möglichst großen Abständen angeordnet sein, denn auf diese Weise wird das Gewirr von Linien am Ende doch etwas übersichtlicher.

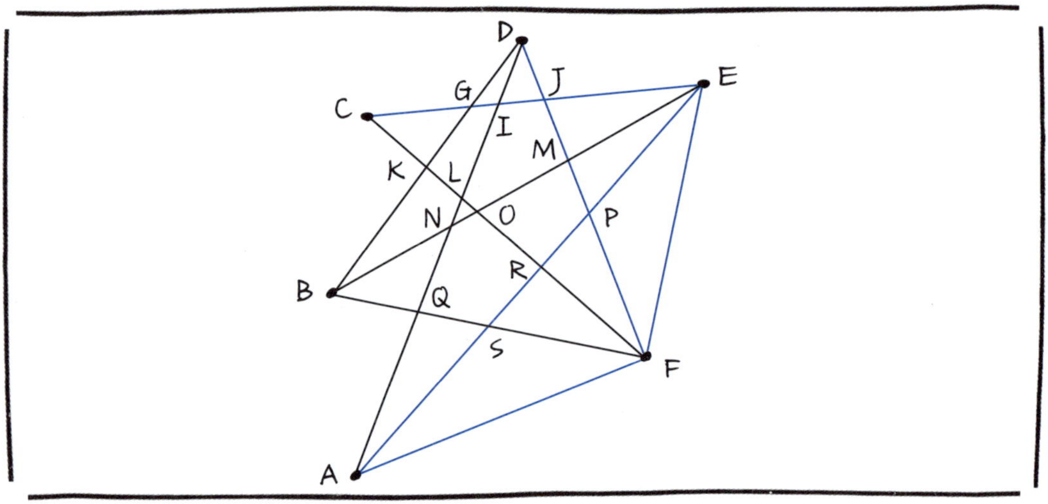

Gedächtnistest selbst gemacht

- Alter: ab 10 Jahre
- Zahl der Spieler: ab 2

Als Kimspiele sind solche Spiele bekannt, bei denen ein Tablett voller Gegenstände für kurze Zeit gezeigt und dann wieder verdeckt wird: Es müssen nun alle Gegenstände benannt werden – jedenfalls alle, die man sich merken konnte.

Man kann ein solches Kimspiel mit Papier und Bleistift schnell und leicht selber machen und dann als Duell spielen. Dazu gibt es im Anhang eine Vorlage zum Kopieren. Jeder Spieler sollte einen solchen Bogen bekommen. Alle Spieler tragen die Aufgaben für den Gegenspieler ein. In der jeweils nächsten Würfelreihe geben sie die Antworten auf die vom Gegner gestellten Aufgaben. Sechs Würfel sind in jeder Reihe der Vorlage zu finden, die zunächst einmal neun leere Augen aufweisen. Für jede Spielrunde füllt jeder Spieler in jedem Würfel unterschiedlich viele Augen aus: Jeder Würfel zeigt also ein anderes Bild.

Und dieses Bild zeigt man nun dem Gegenspieler für zehn Sekunden. Danach versucht jeder auf seinem Blatt die Anordnung der Augen zu rekonstruieren. Nach dem Erinnerungsversuch, werden Aufgabe und Lösung verglichen. Bei diesem Spiel können sich die Teilnehmer auf eine einfache und überzeugende Wertung einigen: Jedem Spieler werden die Augen in den richtig geratenen Würfelseiten gutgeschrieben. Das Spiel kann so lange gespielt werden, bis ein Spieler 50 oder 100 Punkte erreicht hat.

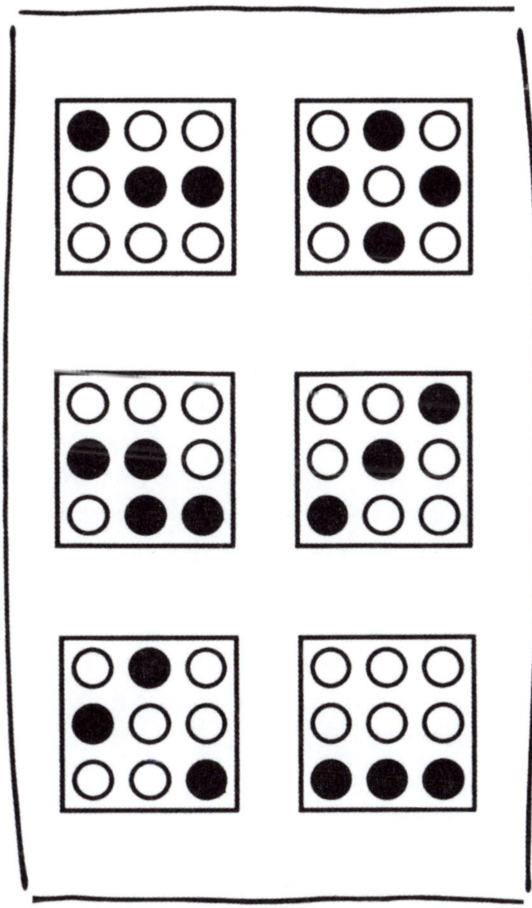

Eine einzige Linie

- Alter: ab 10 Jahre
- Zahl der Spieler: ab 1

Wer zeichnerisch begabt ist, kann sich mit diesem Spiel allein beschäftigen und so Wartezeiten am Flughafen, eine längere Bahnfahrt oder einfach die „blaue Stunde“ auf der Terrasse des Ferienhauses ausfüllen. Es müssen sich nicht unbedingt lauter Zeichenbegabte zusammensetzen. Wohl aber kann ein begabter Zeichner zunächst einige Figuren entwickeln, die er dann einer Spielrunde als Aufgaben vorgibt.

Es geht bei diesem Spiel darum, entweder eine vorgegebene Linie oder eine Figur nachzuzeichnen, und zwar ohne dabei den Stift ab- und neu anzusetzen. Zumindest sollte man dies so wenig wie möglich tun. Das wohl bekannteste Beispiel ist das hier abgebildete Häuschen, von dem aber nicht verraten werden soll, wo man ansetzt und wie man es in einem Zug fertig zeichnet. Kinder zählen beim Zeichnen Verse auf und machen bei jeder Silbe einen Strich.

Jungen sagen:

„Dies ist das Haus vom Nikolaus“.

Mädchen sagen:

„Wer das nicht kann, kriegt keinen Mann.“

Auch die drei ineinander verschlungenen Kreise sind bekannt und stellen keine besonders schwere Aufgabe dar. Etwas schwieriger wird es allerdings, wenn nach einem ersten Durchlauf dem Spieler, der an der Reihe ist, die Augen verbunden werden und er nun das Nikolaus-Haus oder die drei verschlungenen Kreise nachzeichnen soll, ohne etwas zu sehen.
Diese beiden Beispiele können eine Spielrunde darüber hinaus anregen, neue Formen und Figuren zu entwerfen: Jeder kann etwas dazu beitragen, seinen Entwurf den anderen Spielern als Zeichenaufgabe vorzulegen. Natürlich darf man auch neue Sprüche erfinden.

Für jüngere Spieler

Für kleinere Kindern kann dieses Spiel eine gute Übung für die Feinmotorik sein. Bei der Variante für die Kleinen geht es darum, eine kompliziert verschlungene Linie möglichst schnell – vor allem aber möglichst korrekt – nachzufahren. Ein Beispiel hierfür ist der Fisch aus einem alten Kalligrafiebuch. Im Anhang ist er als Kopiervorlage zu finden.

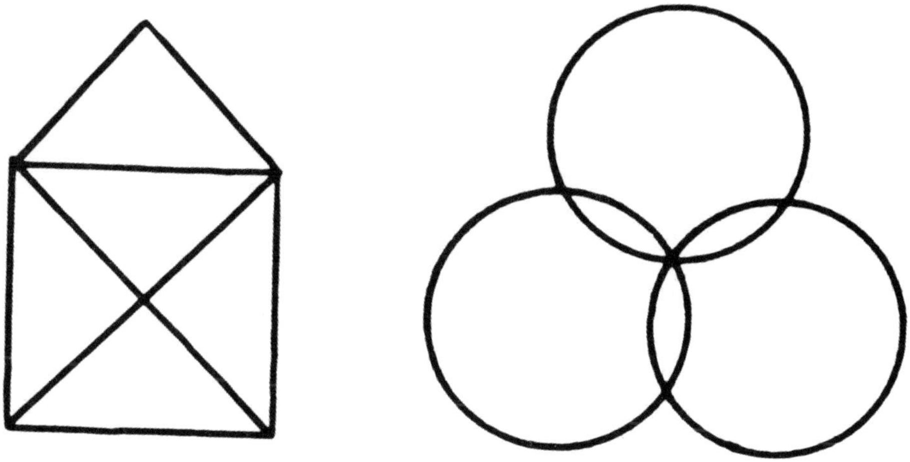

1. Variante

2. Variante

Drudel

- Alter: ab 10 Jahre
- Zahl der Spieler: ab 1

Hier wird eine Form der Zeichenkunst in Erinnerung gerufen, die jüngeren Spielern unbekannt sein mag. Man kann das Drudeln übrigens ebenso als Einsiedler spielen, aber auch in einer größeren Spielrunde macht es viel Spaß.

Drudel sind Bilderrätsel, die das Thema oder Stichwort in einem sehr engen und meist verfremdenden Ausschnitt zeigen. Klassische Beispiele sind etwa der radfahrende Mexikaner oder der an einem Baum hoch- oder herunterkletternde Bär. Beide Beispiele sind hier zur Anregung abgebildet.

Wer allein drudelt, wird vielleicht so vorgehen, dass er erst die Darstellung erfindet und ihr dann den passenden Titel gibt. Wenn eine Spielrunde – und schon zwei Spieler sind eine Spielrunde – sich mit Drudeln beschäftigt, dann sollte besser ein Stichwort vorgegeben werden, das bildlich umzusetzen ist. Je witziger oder je krauser dieses Stichwort ist, desto kurioser können natürlich die gezeichneten Umsetzungen werden. Man kann in der Runde also durchaus erst einmal einige Zeit damit verbringen, sich möglichst ausgefallene Themen einfallen zu lassen, ehe man mit dem Zeichnen beginnt: Schon die Wortspiele können viele Lachsalven provozieren.

Irrgarten anlegen

- Alter: ab 8 Jahre
- Zahl der Spieler: ab 2

Bei diesem Spiel tasten sich die Spieler mit einem Stift durch einen Irrgarten, der von einem Zeichenbegabten aus der Runde vorher erst angelegt und dann für jeden Spieler kopiert werden muss. Oder man kopiert Labyrinthe aus Büchern als Vorlagen.

Jeder Spieler braucht einen Stift, denn der Weg durch das Labyrinth sollte sozusagen protokolliert werden, als Beleg dafür, dass nirgendwo bei dem Duell zwischen zwei Spielern oder in einer größeren Spielerrunde geschummelt worden ist.

Wenn man das Spiel *Irrgarten anlegen* als Wettbewerb spielen will, gilt es herauszubekommen, wer am schnellsten den Ausgang aus dem Irrgarten findet. Dazu braucht man nicht unbedingt eine Stoppuhr, denn es genügt ja, alle Spieler zugleich starten zu lassen. Wer das Labyrinth als Erster am Ausgang verlässt, hat gewonnen.

Für den Anfänger – und das ist bei diesem Thema fast jeder – ist es sicher hilfreich, einen Irrgarten nicht auf einem blanken Papier zu entwickeln: Auf Karopapier kann man viel besser akkurate Gänge, Winkel und Barrieren anlegen, als wenn das Labyrinth freihändig oder nur mit Hilfe eines Lineals und eines Geo-Dreiecks gezeichnet wird.

Man zeichnet zunächst einmal die vom Eingang bis zum Ausgang oder zum Zentrum des Irrgartens zurückzulegende Strecke locker und nicht zu eng, aber doch mit vielen Windungen auf das Papier. In dem hier abgebildeten Entwurf für den Start eines Irrgartens ist es die gepunktete Linie. Erst danach trägt man die Wände und Nischen ein. Wenn das erste selbst gezeichnete Labyrinth noch etwas zu übersichtlich gerät, so dass man vielleicht schon auf den ersten Blick den Weg erkennen – und die Sackgassen vermeiden – kann, dann fallen die Ergebnisse bei einem zweiten, dritten und vierten Entwurf sicher schon sehr viel raffinierter aus.

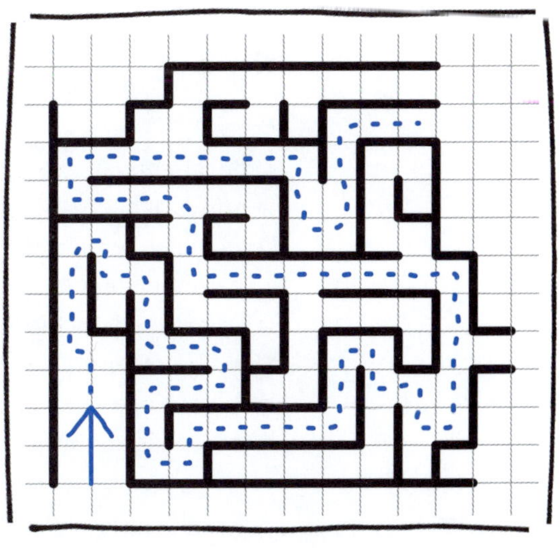

Kapitel Drei
Strategiespiele

In diesem Kapitel werden zu einigen Spielregeln auch Hinweise für eine erfolgreiche Taktik gegeben: Wer sich daran hält, kann also nur gewinnen. Das wäre nicht fair gegenüber den Mitspielern, denen die Taktik unbekannt ist – und die deshalb nur verlieren können.
Soll man deshalb diese Spiele nicht spielen? Oder soll man auf sein Wissen verzichten und „bewusst" verlieren? Nein: Man sollte spielen und dem Gegenspieler Gelegenheit geben, die Taktik zu durchschauen und sie irgendwann mit Erfolg auch anzuwenden.

Nim

- **Alter:** ab 10 Jahre
- **Zahl der Spieler:** 2

In der allgemein üblichen Version werden für dieses Spiel Steinchen, Knöpfe oder Streichhölzer als Spielmaterial verwendet. Nichtraucher, die keine Streichhölzer haben, können es auch mit Bleistiftstrichen auf einem Blatt Papier spielen.

Elf Striche werden in einer Reihe zu Papier gebracht. Selbst der unbedruckte Rand einer Zeitung genügt dafür. Dann kann jeder der beiden Kontrahenten einen, zwei oder drei Striche quer durchstreichen (bei der Streichholz-Version werden Hölzchen weggenommen). Verloren hat der, für den der letzte Strich übrig bleibt.

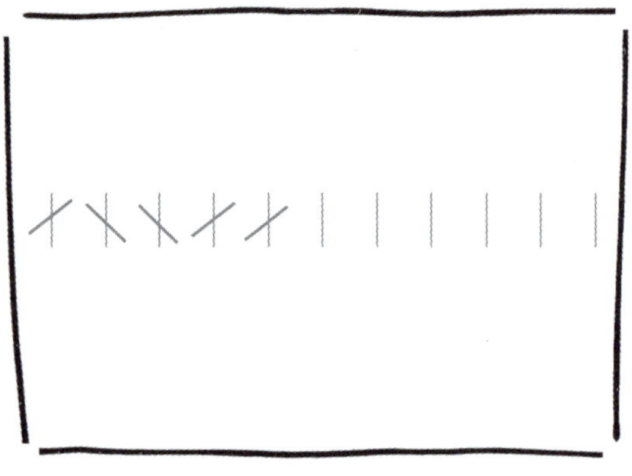

Nimbi

- **Alter:** ab 10 Jahre
- **Zahl der Spieler:** 2

Von dem dänischen Dichter, Mathematiker, Designer und Spieleerfinder Piet Hein stammt diese neue Version von *Nim* und *Letztes Jahr in Marienbad*.

Piet Hein spielt mit Streichhölzern, die sich aber wie bei den anderen Spielen gut durch Striche auf dem Papier ersetzen lassen. In drei Reihen werden insgesamt 24 Striche gemacht. Man darf aus den waagerechten Reihen zu je acht Strichen oder den senkrechten Reihen zu je drei Strichen beliebig viele Striche wegstreichen, allerdings immer nur die Striche, die sich direkt nebeneinander befinden. Wer den letzten Strich streicht, hat verloren.
Am Charakter des Spiels ändert sich nichts, wenn man, wie es in manchen Regeln zu lesen ist, nicht nur mit 24 Strichen (oder Streichhölzern, Knöpfen, Steinen, Schneckenhäusern usw.) spielt, sondern mit noch viel mehr Strichen, die in vier Reihen angeordnet werden: Man verlängert auf diese Weise nur die Spieldauer. Piet Hein versichert, dass es für seine *Nim*-Variante keine Gewinn-Strategie gibt. Das macht sie umso reizvoller.

Letztes Jahr im Marienbad

- Alter: ab 10 Jahre
- Zahl der Spieler: 2

Diese Variante des *Nim* hat es einst sogar zu Filmruhm gebracht: In dem Film *Letztes Jahr in Marienbad* des französischen Regisseurs Alain Resnais wird es wieder und wieder gespielt.

Das Spiel soll nach der Uraufführung des Films in vielen Bars und Cafés einen enormen Verbrauch an Streichhölzern ausgelöst haben. Seitdem hat es den Namen des Films, der es so populär gemacht hat.
Normalerweise spielt man dieses Spiel mit Streichhölzern. Diese können durch Striche auf dem Papier ersetzt werden. Das Wegnehmen der Hölzchen kennzeichnet man durch Querstriche. In vier Reihen sind 16 Striche untereinander zu machen: In der ersten Reihe ein Strich, in der zweiten Reihe drei Striche, in der dritten Reihe fünf Striche und in der vierten Reihe schließlich sieben Striche. Abwechselnd dürfen die Spieler bis zu drei Striche aus dem Spiel nehmen: Allerdings ist es immer nur innerhalb einer Reihe erlaubt, Hölzchen wegzunehmen bzw. Abstriche zu machen. Verloren hat derjenige, für den der letzte Strich übrig geblieben ist.

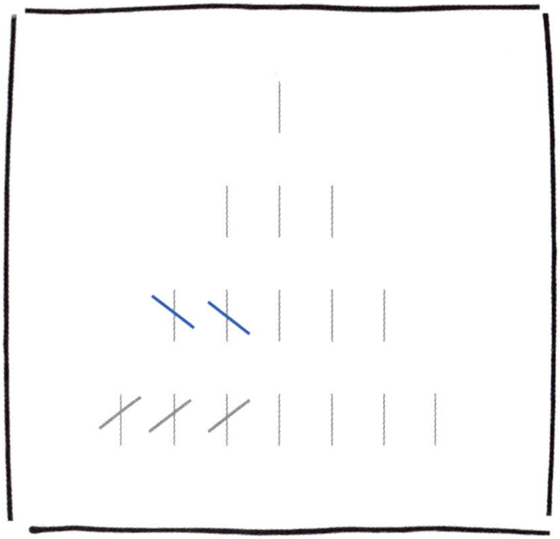

30 weniger sechs

- Alter: ab 10 Jahre
- Zahl der Spieler: 2

Bei diesem verfremdeten Streichholzspiel werden 30 Striche in einer Reihe gemacht. Jeder Spieler kann, abwechselnd am Zug, davon bis zu sechs Striche abstreichen.

Die Taktik bei diesem Spiel ist ziemlich einfach: Wer gewinnen will, muss bei jedem seiner Spielzüge dafür sorgen, dass die Zahl der verbleibenden Striche durch sieben teilbar ist. Es gewinnt derjenige, dem der letzte Strich geblieben ist.

Tic-Tac-Toe

- Alter: ab 10 Jahre
- Zahl der Spieler: 2

Eines der schnellsten Duell-Spiele, zudem in aller Welt bekannt und beliebt, ist ohne Zweifel *Tic-Tac-Toe*. Man kennt es auch als *Kleine Mühle* oder *Arabische Mühle*. In Österreich heißt es *Ecke, Mecke, Stecke*, in Schweden *Tripp, Trapp, Trull*, in England *Noughts and Crosses*.

Tom Sawyer sagt irgendwann zu seinem Freund Huckleberry Finn, *Tic-Tac-Toe* sei ähnlich einfach wie Schuleschwänzen und er hoffe, dass sie beide bald eine etwas kompliziertere Version fänden ... Man zieht für dieses Spiel vier sich kreuzende Linien auf einem Papier und hat damit die neun Felder eindeutig markiert, auf denen das Duell stattfindet. Die beiden Spieler besetzen die Felder abwechselnd mit unterschiedlichen Zeichen. Gebräuchlich sind ein X und ein O. Es gilt, als Erster eine waagerechte, senkrechte oder diagonal verlaufende Reihe von drei gleichen Zeichen zu erzielen. Jeder will zugleich verhindern, dass dies dem Gegenspieler gelingt. Trotz des an sich einfachen Designs soll es 362 880 unterschiedliche Spielverläufe geben. Es ist interessant, zu untersuchen, welche davon dem ersten Spieler die besten Gewinnchancen eröffnen und ob der zweite Spieler eine Chance hat, zu gewinnen.

Für den Eröffnungszug stehen dem ersten Spieler alle neun Felder offen, dem nachziehenden bleiben dann also acht Felder. Der erste Durchgang eröffnet somit scheinbar neun mal acht unterschiedliche Positionen, aber viele davon sind im Prinzip identisch, nur eben um 90 Grad auf dem Spielfeld gedreht oder spiegelbildlich verkehrt.

In Wirklichkeit gibt es für die Eröffnung nur zwölf Möglichkeiten. Denn das erste Zeichen kann nur drei unterschiedliche Plätze belegen: das Feld im Zentrum, ein Eckfeld oder ein Mittelfeld der Randreihen.

Beginnt der erste Spieler im Zentrum, kann der zweite Spieler entweder ein Eckfeld oder ein Mittelfeld am Rand belegen.

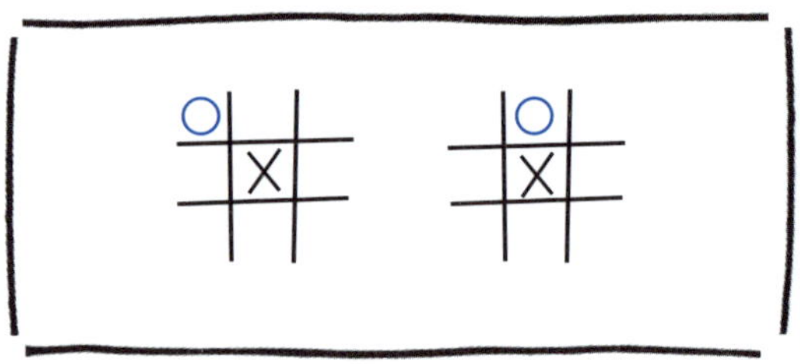

Besetzt der beginnende Spieler im ersten Zug ein Eckfeld, kann der nachziehende Spieler mit fünf unterschiedlichen Positionen antworten:

- Er besetzt das Zentrum.
- Er besetzt ein direkt benachbartes Rand-Mittelfeld.
- Er besetzt eines der Mittelfelder auf den nicht direkt benachbarten Randreihen.
- Er besetzt eines der Eckfelder in den gleichen Reihen, oder er besetzt das Eckfeld diagonal gegenüber.

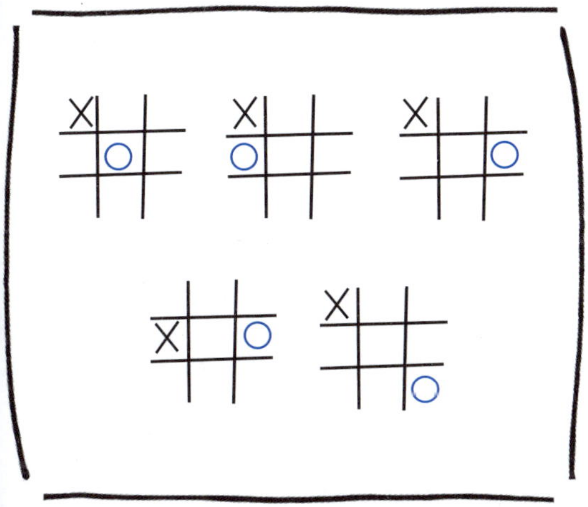

Beginnt der erste Spieler damit, dass er ein Rand-Mittelfeld besetzt, kann der Gegenspieler wiederum mit fünf unterschiedlichen Positionen antworten:

- Er besetzt das Zentrum.
- Er wählt das benachbarte Eckfeld.
- Er besetzt das Rand-Mittelfeld einer Nebenreihe oder das Rand-Mittelfeld gegenüber.
- Er entscheidet sich für ein gegenüberliegendes Eckfeld.

Auf drei unterschiedliche Eröffnungszüge kann ein Gegenspieler, wenn er seine Gewinnchance wahren will, mit zwölf unterschiedlichen Gegenzügen antworten.

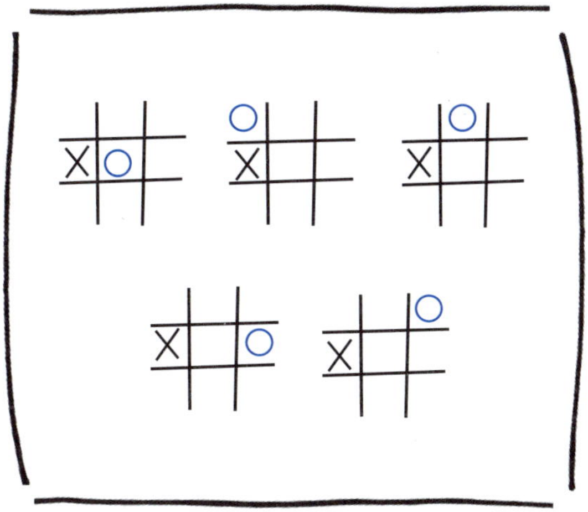

Beim zweiten Spielzug muss nun aber der erste Spieler das Feld besetzen, das beim dritten Spielzug unweigerlich zum Gewinn der Partie führt. Dies sei an einem der beschriebenen Eröffnungszüge dargestellt.

- Erster Spielzug: Spieler 1 besetzt das Zentrum, Spieler 2 belegt ein Eckfeld.

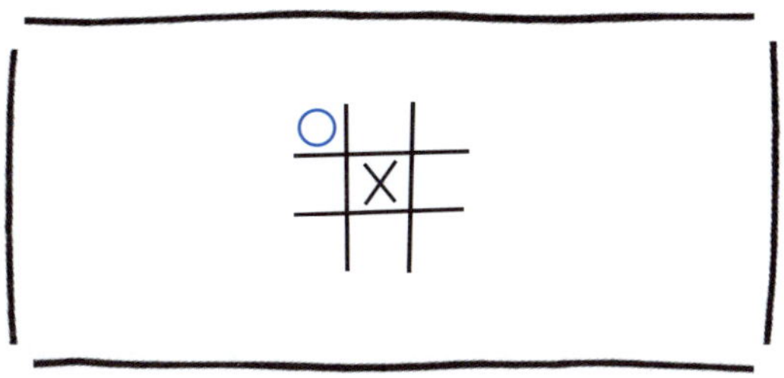

- Zweiter Spielzug: Spieler 1 besetzt ein Eckfeld in einer der Reihen, die auf das von Spieler 2 besetzte Eckfeld zulaufen, und Spieler 2 muss das andere Eckfeld dieser Reihen besetzen.

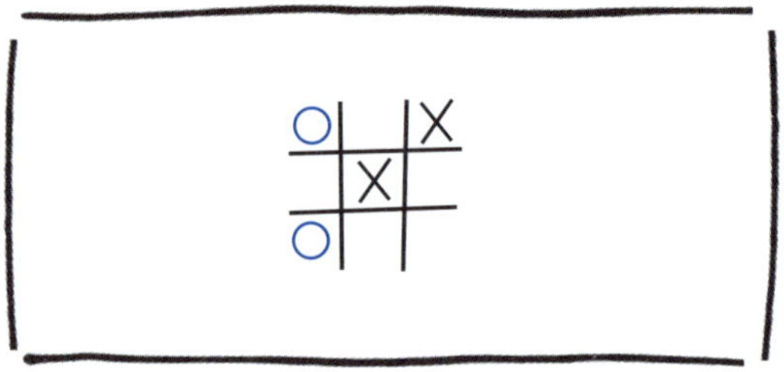

- Dritter Spielzug: Spieler 1 besetzt das Rand-Mittelfeld neben dem Eckfeld vom zweiten Spielzug – und hat damit gleich in zwei Reihen zwei von drei Feldern besetzt. Was immer Spieler 2 nun tut: Spieler 1 kann eine von diesen beiden Reihen unbehindert vervollständigen.

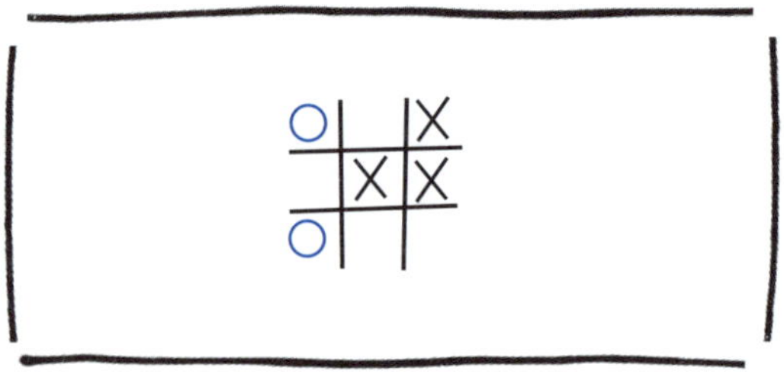

Wie dieser, so bringen noch sechs andere Spielabläufe Spieler 1 den Sieg: Von den zwölf unterschiedlichen Stellungen im Eröffnungszug werden fünf unentschieden ausgehen. Mit anderen Worten: Der nachziehende Spieler hat keine Gewinnchance. Es sei denn, Spieler 1 spielt ohne jede Taktik oder macht einen Fehler.

Varianten

Unter Spielern, die die Strategie von Tic-Tac-Toe kennen, kann das Spiel sehr schnell langweilig werden, selbst wenn sie sich darin abwechseln, das Spiel zu eröffnen. Will man das Spiel auch für erfahrene Spieler interessant machen, müsste man die Regeln ändern: Man könnte so spielen, dass der verliert, der als Erster eine Reihe komplettiert. Oder man vereinbart, dass beim ersten Spielzug das Zentrum von keinem der beiden Spieler besetzt werden darf. Eine skurrile Variante wäre: Nach dem ersten Spielzug oder auch erst nach den beiden ersten Spielzügen setzen die beiden Spieler das Spiel ihres Kontrahenten fort, übernehmen das Kennzeichen des Gegners und steigen in dessen Taktik ein.

Tic-Tac-Toe mit Zahlen

- Alter: ab 10 Jahre
- Zahl der Spieler: 2

Die beiden Spieler setzen bei dieser Variante statt eines individuellen Zeichens – also statt eines X und eines O – die Zahlen 1 bis 9 in das Spielfeld ein.

Dies funktioniert so, dass die Summe der Zahlen in einer waagerechten, senkrechten oder diagonalen Reihe jeweils 15 ist. Dabei setzt Spieler 1 die ungeraden Zahlen 1, 3, 5, 7 und 9. Spieler 2 hingegen spielt mit den Zahlen 2, 4, 6 und 8.
Es wird hier nicht nur solange gespielt, bis ein Spieler eine 15er-Reihe vervollständigt hat und dafür einen Pluspunkt bekommt, sondern so lange, bis nichts mehr geht: Zuweilen lassen sich nämlich auch zwei oder gar drei 15er-Reihen bilden, vielleicht sogar vom selben Spieler.

Misthaufen

- Alter: ab 10 Jahre
- Zahl der Spieler: 2

Dieses Spiel kann man auch zu mehreren spielen. Allerdings haben die ersten Spieler in einer größeren Spielrunde Vorteile. Deshalb wird der erste Spieler ausgelost und man spielt der Fairness halber mehrere Runden, damit jeder einmal anfangen kann.

Auf ein Blatt Papier werden in willkürlicher Anordnung 15 bis 20 Punkte gezeichnet: Das sind die Misthaufen. Die Aufgabe, die den Spielern gestellt wird, klingt zunächst ganz einfach: Jeweils zwei Misthaufen sind durch eine Linie miteinander zu verbinden. Dabei ziehen die Spieler abwechselnd die Striche.
Je mehr Punkte aber schon miteinander verbunden sind, desto schwerer wird es, neue Verbindungslinien zu ziehen und dabei auch den zweiten Teil der Aufgabe zu beachten: Die Linien dürfen sich nicht kreuzen. Verloren hat, wer nicht mehr ziehen kann.
Um dem Gegenspieler das Leben (zumindest für dessen nächsten Zug) etwas zu erschweren, wird man nicht immer den direkten Weg zwischen zwei Misthaufen wählen, sondern Umwege fahren und Schleifen ziehen. Pro Zug ist allerdings nur eine solche Tücke erlaubt.

Zudem sollte man daran denken, dass man den Weg, den man soeben absichtlich enger gemacht hat, vielleicht im nächsten Spielzug selber als Passage braucht …

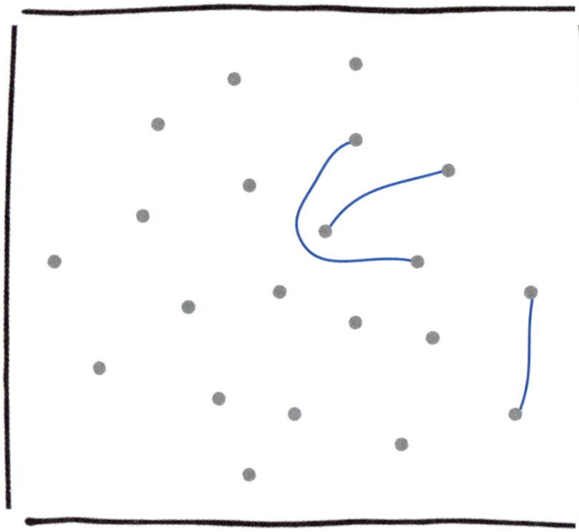

Autorennen

- Alter: ab 14 Jahre
- Zahl der Spieler: ab 2

Ein Autorennen auf einem Blatt Papier? In Spielbüchern ist fast alles möglich. Hier braucht sogar die Rennstrecke gar nicht erst angelegt zu werden.

Im Anhang ist eine Vorlage zu finden, die fotokopiert oder über den Scanner vergrößert, ausgedruckt und dann bespielt werden kann. Es empfiehlt sich, die Vorlage auf ein DIN-A3-Format zu vergrößern, aber es funktioniert auch mit DIN-A4 oder kleineren Formaten. Die Anlage der Rennstrecke zeigt, dass es unterschiedlich eng oder weit schwingende Kurven gibt. Auch Schikanen sind eingeplant. Daraus ergeben sich für das Rennen Situationen mit verschiedenen Herausforderungen. Die Vorlage ist für vier Fahrer angelegt, die mit verschiedenfarbigen Stiften an den Start gehen. So bleibt auch in den brenzligen Situationen die Übersicht erhalten. Nur am Start ist die Rennstrecke so breit, dass alle „Rennwagen“ nebeneinander Platz haben, jeder Spieler also in einem eigenen Karofeld starten kann. Später dürfen sich die Fahrspuren der Teilnehmer, also die Striche in den verschiedenen Farben überlagern oder auch kreuzen.

Beim Start zieht jeder Fahrer seinen Rennwagen ein Karo vor, indem er mit seinem Stift ein Karo weiter zieht. Nachdem alle Fahrer gestartet sind, macht der erste Fahrer den nächsten Zug: Er wiederholt den Startzug als so genannten Hilfszug und kann nun ein Karo weiter ziehen: geradeaus, schräg nach links oder nach rechts.

Im nächsten Zug legt der Spieler zunächst zwei Karos als Hilfszug (Wiederholung des letzten Zugs) zurück und zieht mit dem Stift wieder ein Feld weiter: geradeaus, zur Seite, in ein schräg vor ihm liegendes Karo oder um ein Feld zurück. Auf diese Weise können also auch Kurven gefahren werden; auf diese Weise können oder müssen die Rennfahrer bremsen. Und nur auf diese Weise werden sie den Kurs umrunden können, ohne von der Bahn zu fliegen, denn dann würden sie ausscheiden. Anfangs werden vielleicht fast alle Fahrer solches Missgeschick erleiden, weil sie mit dem ungewöhnlichen Beschleunigen, Bremsen und Fahren von Kurven und Schikanen noch nicht zurechtkommen. Aber nach ein bis zwei Trainingsrunden werden sicher alle Spieler das nun verbindlich gestartete Rennen korrekt beenden können.

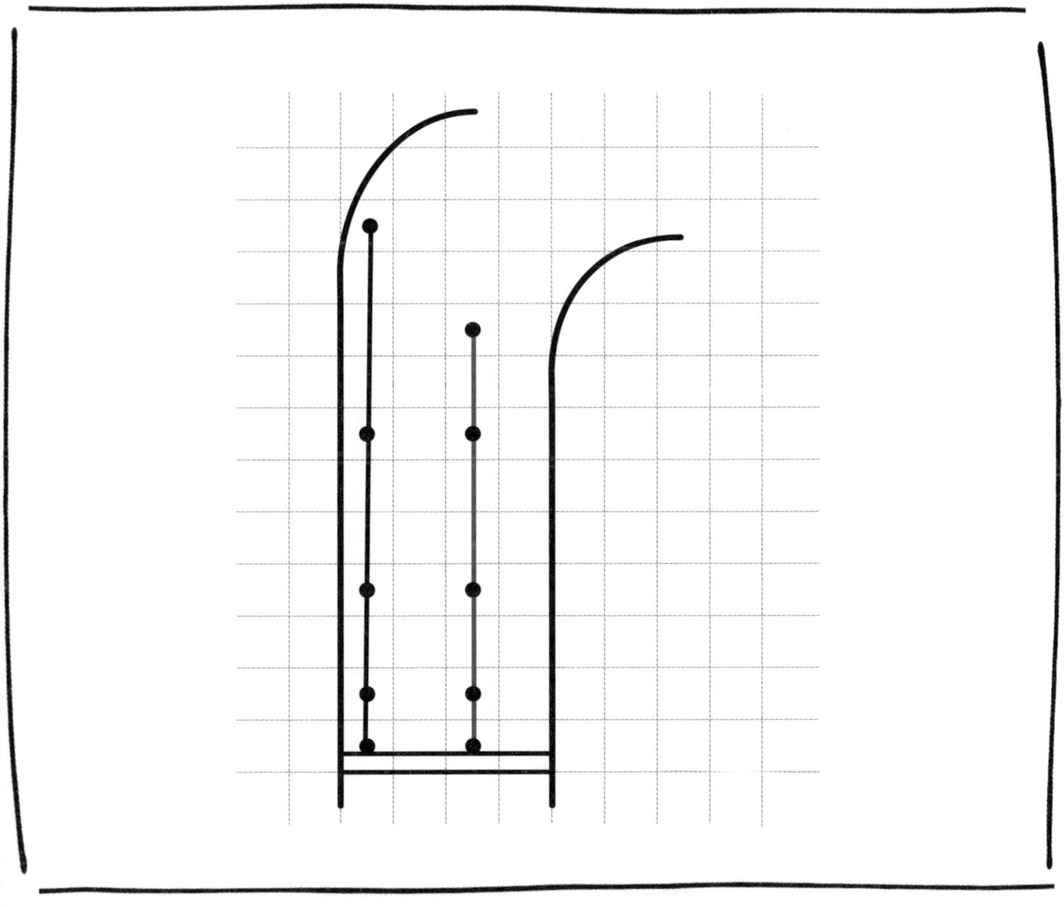

Kuhschwanz

- Alter: ab 10 Jahre
- Zahl der Spieler: 2

Wer diesem Spiel seinen Namen gegeben hat und ob und wie er dabei eine Ähnlichkeit zwischen dem Spielfeld und einem Kuhschwanz gesehen hat, bleibt ein Rätsel. Dafür ist dieses Spiel garantiert unterhaltsam. Außer Papier und Bleistift braucht man dazu einen Würfel.

Zunächst wird auf dem Papier die hier abgebildete Figur angelegt: Sechs Reihen mit Punkten, die den Augenzahlen auf den sechs Seiten eines Würfels entsprechen. Das Papier liegt zwischen den beiden Spielern, die abwechselnd würfeln. Die Augenzahl, die ein Spieler würfelt, kann auf dem „Kuhschwanz" durchgestrichen werden, aber immer nur in einer Reihe. Wer eine Vier würfelt, streicht entweder die Augen der Vierer-Reihe durch oder streicht in der Fünfer- oder Sechserreihe vier Augen weg. Es dürfen nicht Kringel in zwei oder drei Reihen addiert werden: Wer eine Vier würfelt und es gibt keine vier Kringel in einer Reihe, kann nichts streichen.

Man kann versuchen, den Gegner zu ärgern, indem man auch bei niedrigen Würfelergebnissen Kringel aus den längeren Reihen streicht und erst gegen Ende des Spiels die geringere Augenzahl aus den kürzeren Reihen entfernt. Damit aber stellt man sich sozusagen selbst ein Bein: Wenn dann eine Sechs oder Fünf gewürfelt wird, kann sie nicht mehr gestrichen werden. Kurzum: Wer den letzten Zug machen muss, verliert die Runde, an die sich aber wohl ganz schnell eine zweite, dritte, vierte anschließen wird.

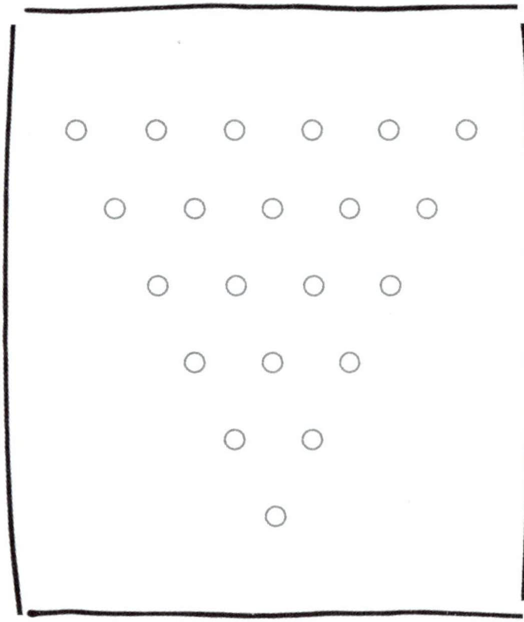

Die letzte Zahl gewinnt

- Alter: ab 14 Jahre
- Zahl der Spieler: 2

Dieses Spiel wird auf Karopapier gespielt. Es sollten große Karos sein, damit die Spieler die Übersicht über den Verlauf des Duells behalten. Denn hier wird einige Aufmerksamkeit verlangt.

Das Spielfeld besteht aus fünf mal fünf Karos. Einer der Spieler trägt ungerade, der Gegner gerade Zahlen in die Felder ein. Die Zahlen von 1 bis 25 dürfen aber jeweils nur in die gleiche Reihe – waagerecht oder senkrecht – geschrieben werden. Es darf dabei keine Zahl übersprungen werden. Wer die letzte Zahl eintragen kann, hat gewonnen. Das klingt einfacher, als es ist. Jeder der beiden Spieler muss nämlich schon seinen möglichen nächsten Zug im Sinn haben, wenn er eine Zahl platziert. Nur zu schnell verbaut man sich sonst die Möglichkeit, eine weitere Zahl einzutragen. Denn, noch einmal: Gesetzte Zahlen dürfen nicht übersprungen werden. Wer die letzte Zahl eintragen konnte, darf sich deren Wert gutschreiben. Es kann so lange weitergespielt werden, bis ein Spieler 100 Punkte erreicht hat.

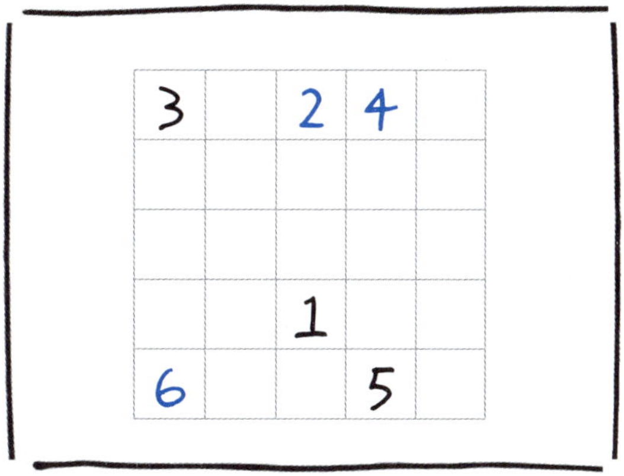

Eins bis Sechszehn

- Alter: ab 10 Jahre
- Zahl der Spieler: ab 2

Anfangs wirkt dieses Spiel durchaus harmlos, aber nach einigen Spielzügen ist taktische Planung hilfreich und erforderlich, um zu gewinnen.

Ein Quadrat mit 20 Randpunkten wird auf ein Blatt Papier gezeichnet. Wie in der Illustration gezeigt, werden zwei Punkte mit eins und 16 gekennzeichnet; die vier Eckpunkte bleiben aus dem Spiel. Zwischen den 16 Punkten sind Linien zu ziehen: Ein Spieler sagt an, welchen Punkt er von Punkt 1 aus ansteuern will, sein Gegenüber zieht die Verbindungslinie – und sagt an, welcher Punkt als nächster angesteuert werden soll, woraufhin Spieler 1 die Verbindungslinie einzeichnet. Wird beim Linienziehen eine vorhandene Linie gekreuzt, markiert der Spieler, der am Zug ist, den Kreuzungspunkt mit seinem Zeichen oder mit seiner Farbe.

Die letzten Züge führen von Punkt 15 zu Punkt 16 und von dort zu Punkt 1. Jetzt kann gezählt werden, wer wie viele Kreuzungspunkte für sich gewinnen konnte.

Tipp

Mit zunehmender Spielpraxis wird jedem Spieler schnell klar, dass man die Verbindungslinien so ansagen kann, dass der nachziehende Spieler möglichst wenige Linien schneidet. Oder man kann so unaufmerksam spielen, dass genau das Gegenteil passiert.

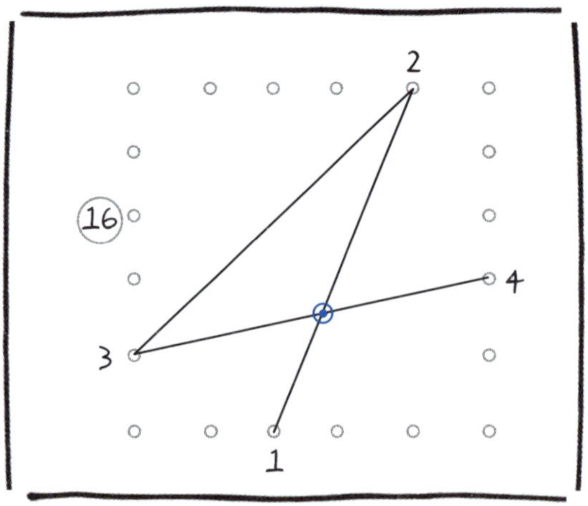

Boxkampf

- Alter: ab 18 Jahre
- Zahl der Spieler: 2

Auf Sid Sackson, den genialen Spielerfinder, geht dieser Boxkampf zurück. Jeder Boxer hat dabei seinen eigenen Ring, ein Feld mit vier mal vier Karos. Das rechte untere Karo wird mit einem E als die Ecke des Boxers bezeichnet. In die übrigen Felder verteilt jeder geheim und willkürlich die Zahlen eins bis 15. Dann werden die beiden Papiere offen auf den Tisch gelegt.

Die Zahlen in den beiden, den Ecken gegenüberliegenden Endfeldern werden addiert. Wer die höhere Summe hat, kann den Schlagabtausch beginnen. Er zieht von seiner Ecke einen Strich ins nächste Feld. Sein Gegner tut daraufhin das Gleiche: Die Runde gewinnt, wessen Zielfeld die höhere Zahl aufweist und der Sieger macht dafür einen Strich neben seinem Spielfeld. Er beginnt die zweite Runde, die wieder nach den Zahlen im erreichten Karo bewertet wird. So geht es weiter – mit dem Ziel, alle 15 Karos zu durchlaufen und am Ende mehr Runden als der Gegenspieler gewonnen zu haben. Wer aber unterwegs nicht weiterziehen kann, verliert das Spiel durch k.o., – egal wie viele Runden er bis dahin gewonnen hat.

Tri-Hex

- Alter: ab 14 Jahre
- Zahl der Spieler: 2

Zu Beginn dieses Kapitels wurde das bekannte *Tic-Tac-Toe* vorgestellt. Hier sei nun eine Variante erklärt, die der Schotte Thomas O'Beirne in den 1960er-Jahren entwickelte. Er untersuchte, auf welchen unterschiedlichen Spielfeld-Modellen *Tic-Tac-Toe* gespielt werden könnte und entdeckte dabei eine Reihe von Designs.

Wie beim regulären *Tic-Tac-Toe* hat eigentlich stets der erste Spieler die größte Chance, das Spiel zu gewinnen, wenn er methodisch vorgeht. Eine interessante Variante des Spielfelds, die O'Beirne gefunden hat, ist hier abgebildet: Es ist ein gleichseitiges Dreieck mit einem kleineren Dreieck im Zentrum. Die Eckpunkte der beiden Dreiecke und die drei Punkte auf den Seiten des großen Dreiecks sind durch insgesamt neun Linien miteinander verbunden: neun unterschiedliche Positionen also für eine siegreiche Reihe von drei Xen des einen Spielers oder drei Os des anderen Spielers.

O'Beirne hat vorgeschlagen, dieses *Tri-Hex* mit Münzen zu spielen. Jeder Spieler hat vier Münzen – und das heißt, dass nach vier Zügen das Spiel beendet ist. Man kann *Tri-Hex* aber auch mit Bleistift und Papier spielen. Das Spielfeld dafür zu zeichnen, ist nicht wesentlich schwieriger als das originale *Tic-Tac-Toe*-Raster. Aber muss genau gezeichnet werden, damit die neun Linien, auf denen gespielt wird, sich eindeutig ergeben.

Wie für das reguläre *Tic-Tac-Toe* gibt es auch für dieses Spiel eine Strategie, die den ersten Spieler immer gewinnen lässt. Es sei nur so viel verraten: Das Besetzen der Eckpunkte sowohl des kleinen als auch des großen Dreiecks führt – bei einem aufmerksamen Gegenspieler – in aller Regel zu einem Unentschieden. Auch in diesem Fall ist das Spiel nach maximal vier Zügen beendet.

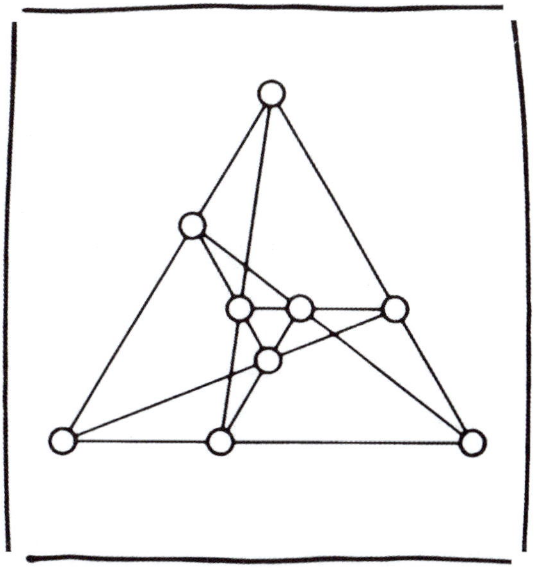

Kapitel Vier
Duelle auf Karopapier

Die aus Mathe-Schulheften herausgerissenen Seiten, auf denen mit Begeisterung Spiele wie *Schiffe versenken* oder *Hundefänger* gespielt werden, bleiben ungezählt. Auch wer längst keine Schule mehr besucht, kann auf den nächsten Seiten Erinnerungen auffrischen und ganz neue Anregungen gewinnen …

Kreuzwörter

- Alter: ab 12 Jahre
- Zahl der Spieler: ab 2

Im Idealfall könnte das ganze Spielfeld mit sinnvollen Wörtern gefüllt werden, aber das wird wohl nur professionellen Kreuzworträtsel-Erfindern gelingen.

Jeder Spieler legt auf Karopapier ein sechs mal sechs Karos großes Spielfeld an. Und abwechselnd nennt dann jeder einen Buchstaben, den beide in ihre Spielfelder eintragen.

Jeder versucht dabei, aus diesen Buchstaben so viele Wörter wie möglich waagerecht und senkrecht zu bilden. Mit den Buchstaben, die man selber nennt, hat man sicher schon ein bestimmtes, maximal sechs Buchstaben langes Wort im Sinn; aber mit den vom Gegenspieler genannten Lettern soll natürlich auch gespielt werden.

Auch mit weniger Perfektion macht das Spiel Spaß: Jedes Wort mit zwei Buchstaben bringt zwei Punkte, ein Wort mit drei und mehr Buchstaben wird mit drei Punkten honoriert. Der höchste Punktstand nach mehreren Runden bringt den Gesamtsieg.

Schiffe versenken

- Alter: ab 8 Jahre
- Zahl der Spieler: 2

Dieser Klassiker unter den Spielen mit Papier und Bleistift ist auch als Seeschlacht bekannt. Pazifistisch gesinnte Menschen bevorzugen die Bezeichnung *Fische fangen*. Die Regeln werden seit langem von Generation zu Generation weitergegeben.

Jeder Spieler hat einen Bogen Karopapier, auf dem er nebeneinander zwei zehn mal zehn Karos große „Schlachtfelder“ anlegt. Die Felder werden waagerecht von eins bis zehn nummeriert und in der Senkrechten von oben nach unten mit den Buchstaben A bis J gekennzeichnet. In dem einen Feld platziert jeder Spieler seine Flotte.

Sie besteht aus

- einem Schlachtschiff (vier Quadrate lang),
- zwei Kreuzern (je drei Quadrate lang),
- drei Torpedobooten (je zwei Quadrate lang)
- vier Unterseebooten (je ein Quadrat).

Der Gegenspieler darf die Schlachtordnung natürlich nicht sehen. Die Schiffe dürfen auf dem Spielplan nicht direkt nebeneinander platziert werden. Es muss immer ein „Wasserquadrat“ zwischen den Schiffen liegen.

Nachdem die Schiffe auf dem Schlachtfeld verteilt sind, nennt der erste Spieler dem Gegner ein Planquadrat: Er schießt also beispielsweise in das Quadrat B 5 – und macht in das rechte, leere Spielfeld an dieser Stelle ein Kreuz, damit er im Verlauf der Seeschlacht weiß, wohin er schon geschossen hat. Der Gegner antwortet nun, ob dieser Schuss „ins Wasser gegangen“ ist, ob ein Schiff „angeschossen“ oder ob es gar „versenkt“ worden ist. Bei einem Treffer darf der Spieler noch einmal schießen. Hat er nur Wasser getroffen, ist der Gegenspieler an der Reihe. So wird im Wechsel weiter Salve um Salve abgefeuert. Verloren hat, wer als Erster seine gesamte Flotte verliert.

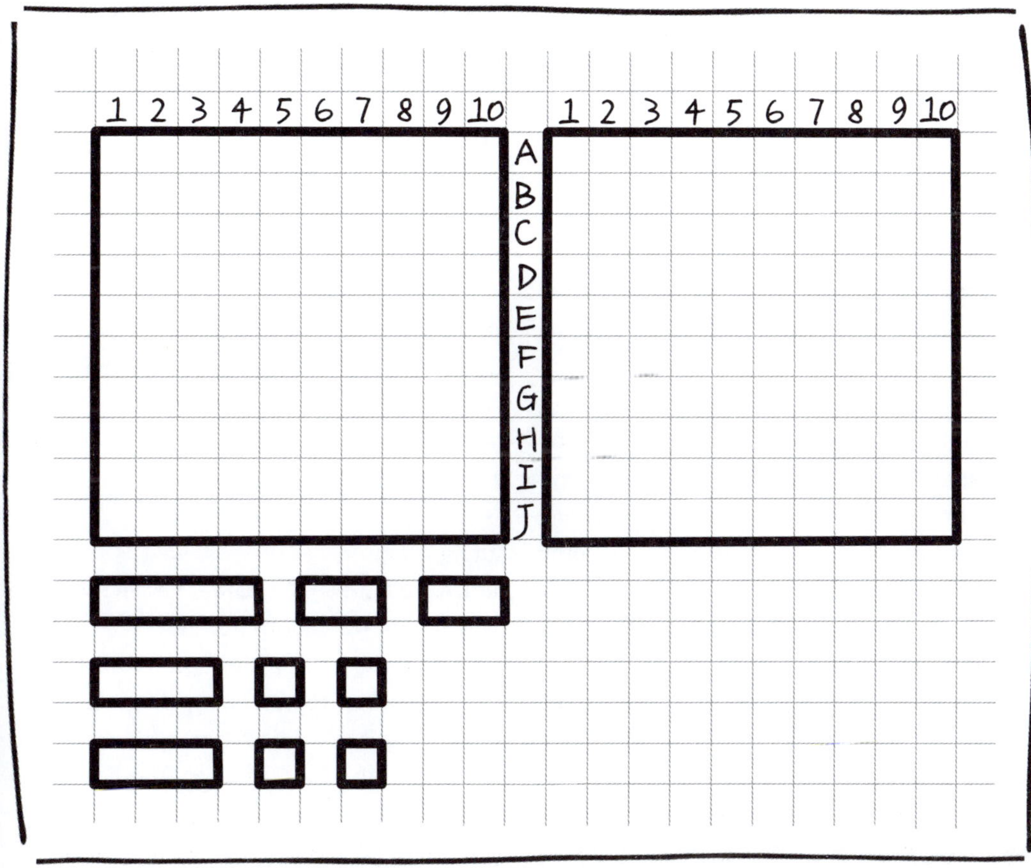

Salven feuern

- Alter: ab 14 Jahre
- Zahl der Spieler: 2

Dies ist eine interessante, etwas kompliziertere Variante von *Schiffe versenken*. Die Altersangabe ist etwas höher, denn hier ist mehr Aufmerksamkeit und Konzentration, aber auch Kombinationsvermögen nötig. Dies könnte jüngere Spieler so überfordern, dass sie das Spiel vorzeitig aufgeben.

Salven feuern wird genauso wie *Schiffe versenken* angelegt. Jeder Spieler hat zwei Spielfelder vor sich: Auf dem linken verteilt er seine Schiffe und notiert darauf die Salven des Gegenspielers, auf dem rechten Plan notiert er die Ergebnisse der eigenen Salven.
Anstelle eines Schusses werden bei diesem Spiel aber jeweils drei Schüsse abgegeben: Man nennt also drei Karos, in denen die Salve niedergehen soll. Der Gegenspieler gibt nun an, dass zum Beispiel bei einer Salve nach C 3, F 6 und F 7 ein Schuss ins Wasser ging, ein U-Boot versenkt und ein Kreuzer angeschossen wurde. Er sagt allerdings nicht, auf welchem der drei beschossenen Karos welche Wirkung erzielt worden ist. Auf dem Spielplan, auf dem man die eigenen Schüsse notiert, kann man also vorerst nur die Zielkaros markieren. So kann man ausschließen, dass man ein weiteres Mal dasselbe Karofeld beschießt. Aber man braucht weitere Salven, um herauszufinden, wo sich – um beim Beispiel zu bleiben – das versenkte U-Boot befindet und wo und wie der angeschossene Kreuzer auf dem Schlachtfeld des Gegenspielers platziert ist.
Während Schiffe versenken in aller Regel ziemlich schnell zu Ende ist, dauert Salven feuern um einiges länger, ohne langweilig zu sein.

Käsekistchen

- Alter: ab 12 Jahre
- Zahl der Spieler: 2

Dieses Spiel war bereits in den Vor-Computer-Zeiten sehr beliebt. Auch heute wird es wieder gern und oft gespielt. Wer die Regeln nicht oder nicht mehr kennt: Hier werden sie wieder in Erinnerung gerufen.

Auf Karopapier wird ein wenigstens zehn mal zehn Karos großes Spielfeld gezeichnet und zwischen den Spielern auf den Tisch gelegt. Nacheinander zieht jeder Spieler eine Karoseite nach, mit der Absicht, im Verlauf des Spiels möglichst viele Karos mit einem vierten Strich schließen zu können. So wird ein „Käsekistchen" fertig gestellt und mit einem besonderen Zeichen gekennzeichnet. Der ei-

ne Spieler markiert seine Käsekistchen vielleicht mit einem Kreuz, der andere mit einem Kringel. Zusätzlich verschiedene Farben zu verwenden, erleichtert die spätere Auswertung noch mehr.
Zu achten ist darauf, dass man mit seinem Zug dem Gegenspieler keine Gelegenheit gibt, seinerseits ein Käsekistchen zu schließen. Nur der erste Strich des beginnenden Spielers kann an beliebiger Stelle des Spielfelds gesetzt werden; im weiteren Verlauf des Spiels muss immer an einen vorhandenen Strich angeschlossen werden. Das Spiel ist zu Ende, wenn das abgesteckte Spielfeld mit geschlossenen Karos gefüllt ist. Nun wird gezählt, wer die meisten Käsekistchen gebaut und damit das Spiel gewonnen hat.

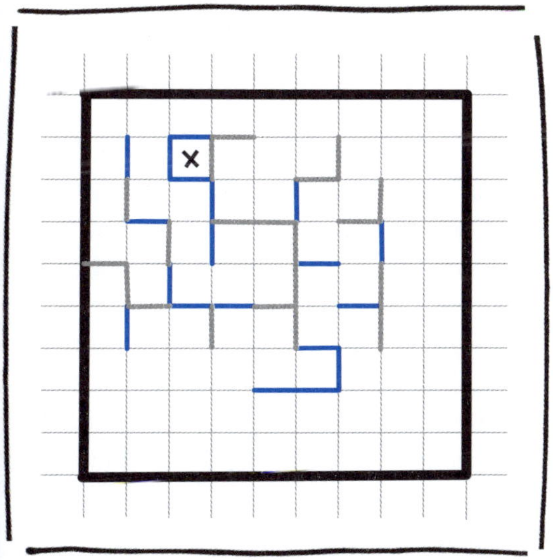

Morpion

- Alter: ab 8 Jahre
- Zahl der Spieler: 2

Während deutsche Schüler sich mit dem Spiel *Käsekistchen* vom Unterricht ablenkten oder in den Pausen die Zeit vertrieben, ist *Morpion* das Spiel der französischen Gymnasiasten.

Auf Karopapier wird ein beliebig großes Spielfeld markiert, das nicht unbedingt quadratisch, auf jeden Fall aber wenigstens zehnmal zehn Karos groß sein muss. Auf diesem Spielfeld, das von beiden Spielern gemeinsam bespielt wird, macht nacheinander jeder Spieler sein Zeichen auf den Schnittpunkten der Karolinien: ein Kreuz oder einen Kreis. Jeder versucht, eine ununterbrochene gerade Linie von fünf Markierungen herzustellen: Die Linie kann waagerecht, senkrecht oder diagonal verlaufen. Jeder muss zudem versuchen, die Absicht des Gegenspielers zu durchkreuzen, sein Zeichen also zwischen die Zeichen des anderen zu setzen.
Sobald ein Spieler eine Fünferreihe komplettieren konnte, werden die Zeichen durch einen Strich verbunden und der betreffende Spieler bekommt einen Pluspunkt. Nun kann an beliebiger Stelle eine neue Linie begonnen werden. Ebenso ist es möglich, an die eben

fertig gestellte Linie anzuschließen. Das Spiel ist zu Ende, wenn keine Fünferreihen mehr angelegt werden können.

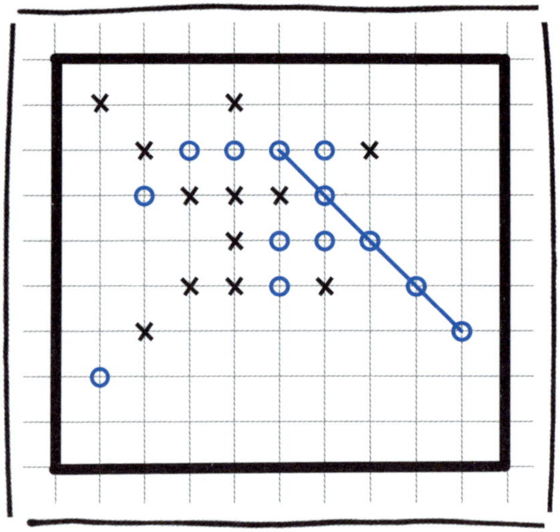

Ariadnefaden

- Alter: ab 10 Jahre
- Zahl der Spieler: 2

Dieses Spiel ähnelt dem *Schiffe versenken*. Es gilt aber nicht, die Position eines gegnerischen Schiffs zu erraten, sondern den Verlauf einer Linie zu ergründen, die der Gegner geheimnisvoll und launenhaft angelegt hat.

Ähnlich wie beim *Schiffe versenken* legen die beiden Spieler zunächst zwei zehnmal zehn Karos große Spielfelder nebeneinander an und tragen über und neben den Kästchen in der Waagerechten die Zahlen eins bis zehn und in der Senkrechten die Buchstaben A bis J an. Auf dem einen Feld zeichnet dann jeder, für den anderen nicht einzusehen, seinen Ariadnefaden, der in den Karos verläuft und nicht auf den Karolinien.

Er kann eine möglichst vertrackte Verschlingung von A 1 bis J 10 darstellen, darf sich aber nirgendwo schneiden oder auch nur berühren: Es dürfen also keine Knoten in den Faden gemacht werden. Auch die Außenlinien des Spielfelds dürfen nicht berührt werden. Abwechselnd hat nun jeder Spieler einen Zug: Man versucht, den Verlauf der Labyrinthlinie des Gegenspielers herauszufinden, indem wie beim Schiffe versenken die Koordinaten des Spielfelds abgefragt werden. Auf dem Plan mit dem eigenen Ariadnefaden werden die Spielzüge des Gegenspielers eingetragen, die Antworten des Gegenspielers auf die eigenen Tastversuche in dessen Labyrinth werden auf dem zweiten Feld angezeichnet. Weil das Feld A 1 der Beginn des Ariadnefadens ist, braucht man dieses Feld nicht abzufragen. Aber man kann entweder auf A 2 oder auf B 1 tippen – und bekommt dann vielleicht die Antwort: „richtig getroffen". Dann hat man das nächste Stück des Ariadnefadens erwischt und darf noch einmal fragen. Oder man bekommt die Antwort, dass man sich „ver-

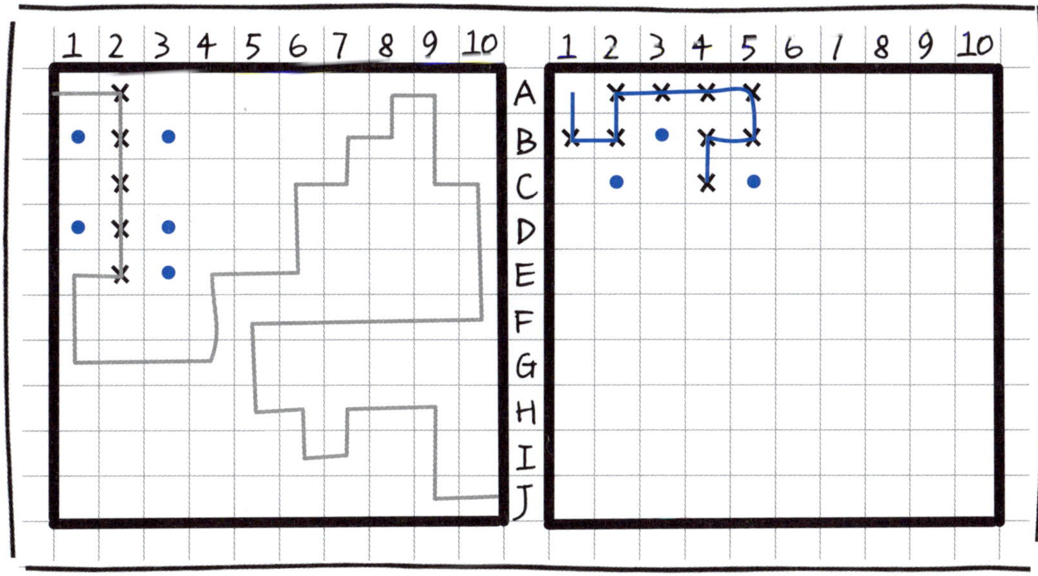

rannt“, also sozusagen den Faden aus der Hand verloren hat: Dann darf der Gegenspieler weitermachen.

Im Verlauf des Spiels ist noch eine andere Antwort möglich. Sie lautet: „den Faden an der falschen Stelle gepackt“. Dann liegt der erfragte Punkt zwar auf der Fadenlinie, aber zwischen dem vorigen „Treffer“ und diesem liegen noch andere Teile des Ariadnefadens. Nun darf man zwar auf dieser Abkürzung nicht direkt weitermachen, hat aber einen Punkt des Fadens gesichert. Die fehlenden Teile muss man in den folgenden Spielzügen also noch finden.

Damit man den Verlauf des gegnerischen Ariadnefadens richtig erfassen kann, sollte man die richtigen und fehlerhaften Treffer unterschiedlich kennzeichnen: Ein Kreuzchen markiert eine Im Verlauf des Fadens „folgerichtige“ Stelle, ein Punkt zeigt das Karo an, auf dem man sich verrannt hat, und ein eingerahmtes Karo bedeutet: Hier wird man später noch einmal nachfragen.

Hundefänger

- Alter: ab 10 Jahre
- Zahl der Spieler: 2

Wie bei anderen Spielen wird auf dem linken Spielplan etwas versteckt und auf dem rechten Plan notiert, welche Fangergebnisse oder Fehlversuche man selbst beim Einfangen der Hunde des Gegenspielers erzielt hat.

Jeder der beiden Spieler legt auf seinem Karopapier zwei zehn mal zehn Karos große Spielfelder an, wie man es von *Schiffe versenken* kennt. Die waagerechten Linien (nicht die Kästchen!) werden von eins bis elf nummeriert, die senkrechten Linien von oben nach unten von A bis K bezeichnet. Jeder Spieler versteckt drei Hunde, das sind drei einfache Figuren, die man mit dem Kopf nach links oder rechts anordnen darf. Sie dürfen kopfunter stehen oder „Männchen machen".

Abwechselnd befragen die Spieler ihren Gegenüber, indem ein Kreuzungspunkt benannt wird. Der Gegner antwortet „getroffen" oder „nichts gefangen". Auf dem Kontrollfeld legen die Spieler entsprechende Markierungen an. Hat man getroffen, darf man so lange weiter fragen, bis man ins Leere zielt. Dann ist der Gegenspieler an der Reihe. Weil die Hunde ganz unterschiedlich platziert werden können, ist es nach einem Treffer nicht leicht, die Körperform komplett einzufangen. Auch wenn nur drei Hunde gesucht werden müssen, kann das Spiel deshalb eine gute Weile dauern.

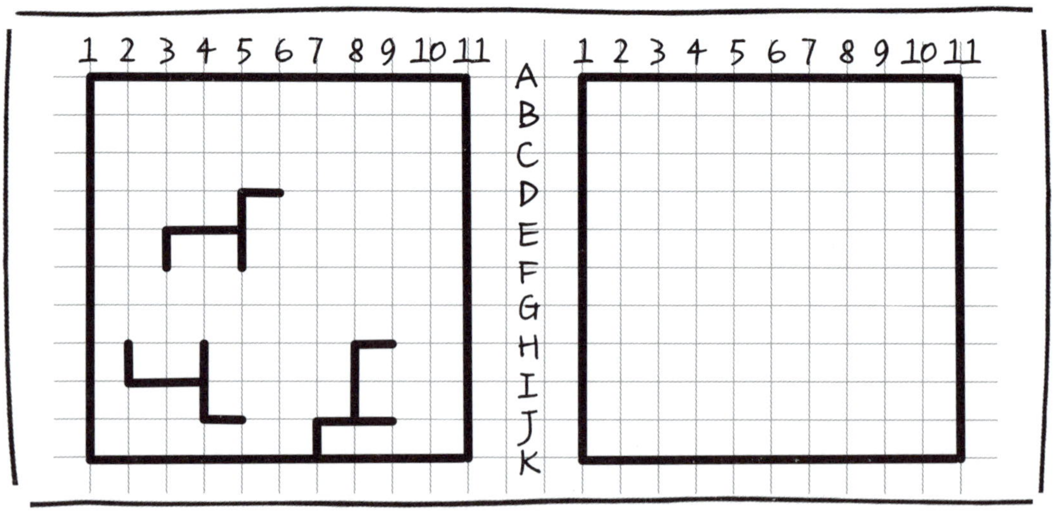

Ketten bilden

- Alter: ab 10 Jahre
- Zahl der Spieler: 2

Auf Karopapier wird ein zehn mal zehn Karos großes Spielfeld markiert. Darin zeichnen die beiden Spieler abwechselnd ein X und ein O. Dabei gilt es, möglichst viele Zeichen in eine ununterbrochene Reihe in waagerechter, senkrechter oder diagonaler Anordnung einzutragen.

Die beiden zeichnen so lange, bis das gesamte Spielfeld gefüllt ist. Nun wird ausgewertet: Alle Ketten von wenigstens drei Karos Länge werden eingekreist und ergeben einen Punkt. Vier Karos lange Ketten bringen zwei Punkte, für Fünfer-Ketten gibt es drei Punkte. Wer Ketten über sechs und mehr Karos bilden konnte, bekommt zehn Punkte.

Es sollte unter den Spielern von vornherein Klarheit darüber bestehen, dass ein Zeichen auch mehrmals gewertet werden kann, wenn es sowohl in einer senkrechten als auch waagerechten Kette oder vielleicht sogar zusätzlich in einer diagonal angeordneten Kette steht. Aus der Addition aller Kettenpunkte ergibt sich der Gewinner dieser Spielrunde.

Barrieren überwinden

- Alter: ab 14 Jahre
- Zahl der Spieler: 2

Das Spiel ist für zwei gedacht. Es könnte sich aber auch ein dritter Spieler beteiligen: Zwei Spieler machen das Spiel, der dritte trägt ihre Spielzüge ein und zeigt nach jeweils zwei Ansagen, wie weit die Linie gediehen ist.

Ein zehn mal zehn Felder großes Karopapier reicht für dieses Spiel aus. Nicht die Kästchen, sondern die Linien des Karos werden waagerecht von eins bis elf nummeriert und senkrecht mit den Buchstaben A bis K gekennzeichnet. Auf diesem Spielfeld verteilen die beiden Kontrahenten zunächst einige Hindernisse: Das sind drei Kästchenkanten lange Striche, waagerecht oder senkrecht angeordnet, gerade oder abgewinkelt.

Auf diesem Parcours spielen die beiden Spieler gemeinsam, aber auf eine eigenartige Weise: Sie sollen auf den Karolinien eine Linie von A 1 bis K 11 erspielen, ohne an eine Barriere zu stoßen. Dabei zieht ein Spieler nur waagerecht, der andere nur senkrecht, und zwar jeweils maximal drei Kästchen weit. Der erste Spieler trägt seinen waagerechten Zug verdeckt auf das Spielfeld ein und lässt sich vom Gegenspieler sagen, wie lang dessen senkrechter Zug sein soll. Erst wenn dieser Zug als Fortsetzung der Linie des ersten Spielers eingezeichnet ist, bekommt der zweite Spieler das Spielfeld zu sehen. Er muss es sich einprägen. Nun führt der erste Spieler wieder verdeckt einen Zug aus und lässt sich die Fortsetzung sagen, ehe der Spielplan wieder gezeigt wird.

Nur der erste Spieler überblickt also den Verlauf der Linie. Er darf dem Gegenspieler keine Hinweise geben, ob etwa Gefahr besteht, dass ein Hindernis berührt wird oder mit welcher Strichlänge eine Kollision mit der nächsten Barriere vermieden werden könnte. Entweder kommen beide durch oder verlieren gemeinsam bzw. müssen das Spiel abbrechen und ein neues beginnen. Dabei wird natürlich der bisherige zweite Spieler zum ersten Spieler und darf nach dem Setzen der Barrieren die offene Partie übernehmen.

Linien ziehen

- Alter: ab 10 Jahre
- Zahl der Spieler: 2

Das Spiel wird so lange gespielt, bis einer von beiden Spielern die Linie nicht mehr fortsetzen kann. Er muss nicht zum Verlierer erklärt werden: Man kann *Linien ziehen* auch als Spiel ohne Sieger spielen.

Auf Karopapier werden, jeweils im Abstand von zwei oder drei Kästchen, vier mal vier Punkte dick markiert. Es entsteht ein Quadrat aus 16 Punkten. Der erste Spieler darf auf diesem Quadrat beliebig viele Punkte mit einer geraden Linie verbinden: Maximal können also vier Punkte miteinander verbunden werden. Die Linie kann waagerecht, senkrecht oder auch schräg verlaufen. Der zweite Spieler setzt sie in beliebiger Länge fort. Und dann ist wieder der erste Spieler an der Reihe.

Herantasten

- Alter: ab 16 Jahre
- Zahl der Spieler: 2

Dies ist ein sehr anspruchsvolles Spiel, das sehr viel Konzentration und Kombinationsfähigkeit verlangt. Zum einen macht es Spaß, ein möglichst verzwicktes Diagramm anzulegen, wie es hier gezeigt wird. Zum anderen ist es eine schöne Herausforderung, das Diagramm des Gegenspielers in möglichst wenigen Abfragen zu entschlüsseln.

Jeder Spieler legt nebeneinander zwei acht mal acht Karos große Spielfelder an und trägt zur Kennzeichnung der einzelnen Karos waagerecht die Zahlen eins bis acht, senkrecht die Buchstaben A bis H ein. Das jeweils linke Spielfeld muss jeder – verdeckt gegen den Gegenspieler – in vier Sektoren mit jeweils 16 Karos unterteilen. Die Form ist beliebig zu gestalten. Am besten geht man so vor, dass man erst einen Sektor durch Abzählen der 16 Karos anlegt und mit I bezeichnet; dann umrandet man einen zweiten Sektor und gibt ihm die Kennziffer II. Es folgt Sektor III, und der vierte Sektor ist der Bereich, der noch übrig geblieben ist. Die Sektoren sollten dick umrandet werden, damit man im Verlauf des Spiels keine Fehlinformationen gibt. Denn es gilt, die Position der Grenzlinien zwischen den Sektoren bzw. die Lage der Sektoren des Gegenspielers herauszufinden.

Auf dem rechten Spielfeld werden die eigenen Abfragen eingetragen. Das Spiel verläuft so, dass die Spieler abwechselnd beim Gegenspieler einen Teilbereich abfragen, der sich über vier Koordinaten erstreckt. Die erste Abfrage könnte also lauten: „B-C-2-3“. Der Gegner, dem das hier abgebildete Spielfeld gehören könnte, antwortet: „Drei Treffer in Sektor 4, ein Treffer in Sektor 1". Damit weiß der fragende Spieler natürlich noch nicht, wie die Grenze zwischen den beiden Sektoren wirklich verläuft. Das muss man durch weitere Abfragen herausfinden.

Die Ergebnisse der einzelnen Abfragen zu verarbeiten, wird – wie im eben angeführten Beispiel – mal schwieriger und mal leichter sein. Für Anfänger mag dies ein Trost sein: Die ersten Spielrunden führen noch sehr langsam und zäh zu dem Ziel, die Sektorengrenzen des Gegenspieler korrekt darzustellen. Mit zunehmender Praxis gewinnt man mehr Sicherheit, die Antworten des Gegenspielers auf die einzelnen Abfragen sinnvoll zu verwerten.

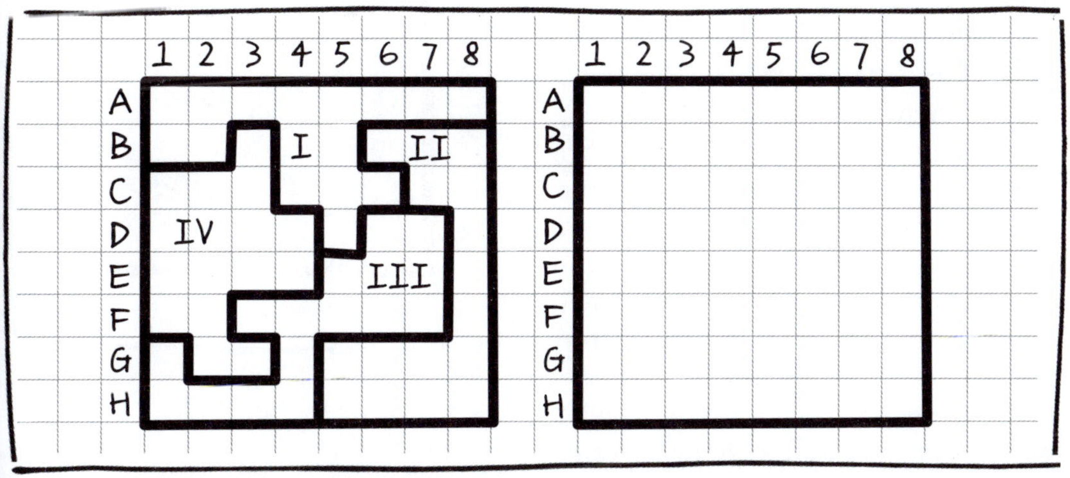

Im Dunkeln tappen

- Alter: ab 10 Jahre
- Zahl der Spieler: 2

Nur sechs mal sechs Karos groß braucht das Spielfeld für dieses Tappen im Dunkeln zu sein. Wenn das Spiel länger dauern soll, kann man aber auch bis zu zehn mal zehn Karos umfassende Felder anlegen.

Jeder Spieler markiert zwei Felder: In dem einen legt er mit den Buchstaben S den Start, in den anderen legt er mit dem Buchstaben Z das Ziel der blinden Suche fest. Darüber hinaus zeichnet er auf den Karolinien auch noch einige Barrieren ein. Dabei muss es dennoch einen offenen, nicht verbauten Weg von S nach Z geben.

Bei der kleinen, sechs mal sechs Felder großen Version stehen den Spielern jeweils drei Barriere-Karos zur beliebigen Platzierung frei; bei dem größeren Spielfeld können sechs Karos, einzeln oder in beliebiger Formation, als Barrieren aufgestellt werden. Das zweite Feld wird gebraucht, um darin nachzuzeichnen, wie man auf dem gegnerischen Kurs herumtappt. In dieses Feld trägt man auch die Positionen von Start und Ziel des Gegenspielers ein. Beide Positionen werden dem Gegenspieler vor Spielbeginn angesagt. In der Waagerechten kennzeichnet man beide Felder mit Buchstaben, beginnend mit A. In der Senkrechten werden sie fortlaufend nummeriert.

Ein Spieler beginnt, indem er eines der Felder neben dem Startkaro des Gegners abfragt. Kann dieses Feld unbehindert betreten werden, darf so lange weiter gefragt werden, bis man an ein Hindernis des Gegners stößt: Das oder die durchlaufenen Karos und das Hindernis werden in das Lösungsfeld eingetragen, dann ist der Gegenspieler an der Reihe. Gewonnen hat, wer als Erster das vom Gegner gesteckte Ziel erreicht.

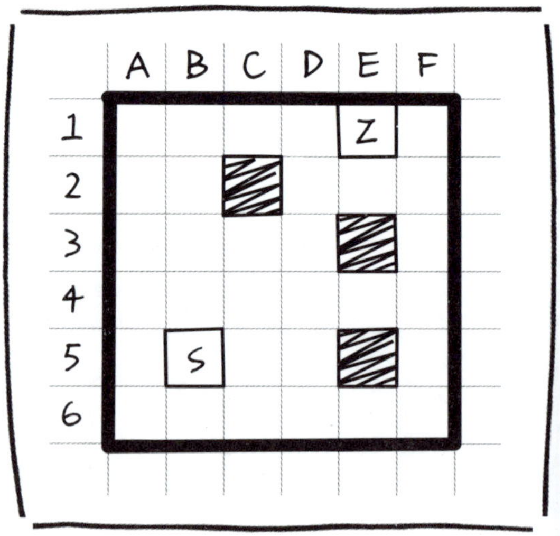

Twixt

- Alter: ab 14 Jahre
- Zahl der Spieler: 2

Der legendäre Spieleerfinder Alex Randolph hat dieses Spiel erfunden, angeblich im berühmten Wiener Café Hawelka, auf einem Blatt Karopapier. Man kann es inzwischen auch als Gesellschaftsspiel kaufen oder es, wie einst Alex Randolph, als Duell auf Karopapier spielen.

Ein 20 mal 20 Karos großes Spielfeld wird auf Karopapier eingerahmt und von beiden Kontrahenten gemeinsam bespielt. Der eine Spieler soll vom oberen Spielfeldrand zum unteren spielen, der Gegenspieler von links nach rechts (oder von rechts nach links) eine ununterbrochene Linie anlegen – und zwar im Rösselsprung: Vom Ausgangspunkt eines Spielzugs geht es dabei zwei Karos weiter und ein Karo zur Seite. Dort wird ein zweiter Punkt gezeichnet und die Linie zwischen den beiden Punkten gezogen. Diese Linien sind zugleich Barrieren für den Gegner, denn die Linien dürfen nicht gekreuzt werden.

Im Verlauf des Spiels muss man also einerseits versuchen, die eigene Linie fortzuführen, andererseits ist zu verhindern, dass der Gegenspieler seine Linie ins Ziel bringen kann. Man stellt ihm eine Schranke in Form eines Rösselsprungs in den Weg. Und zwar so, dass der nächste Rösselsprung des Gegenspielers nicht den gedachten Verlauf nehmen kann.

Die Zeichnung zeigt eine typische Spielsituation, bei der der schwarze Spieler von oben nach unten spielen will, aber durch den vom rechten Spielrand kommenden blauen Spieler zu einem Umweg gezwungen wird.

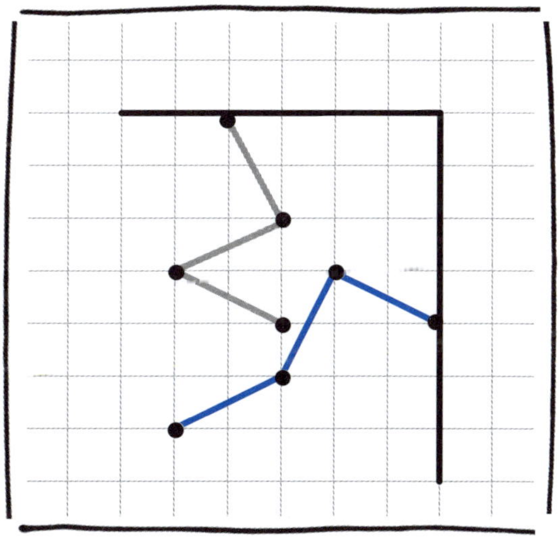

Attacke

- Alter: ab 14 Jahre
- Zahl der Spieler: 2

Wenn zwei Spieler gegeneinander spielen, dann eigentlich immer mit dem Ziel, dass einer gewinnt und der andere unterliegt. Bei diesem gewinnt einer, indem er Punkte sammelt, aber der Gegenspieler will selbst keine Punkte einheimsen.

Als Spielfeld wird eine aus fünf mal fünf Karos bestehende Fläche auf Karopapier angelegt. Abwechselnd markieren die Spieler je ein Karo mit einem Zeichen in ihrer Farbe: Der eine macht Kreuze, der andere Kringel. Der so genannte Angreifer beginnt. Ziel der Spieler ist es, waagerecht, senkrecht oder diagonal angeordnete Reihen von wenigstens drei Feldern zu bilden. Für eine Dreier-Reihe gibt es einen Punkt, für eine Vierer-Kette zwei Punkte und für eine Fünfer-Reihe bekommt man drei Punkte. Wie bei anderen Spielen versucht der Verteidiger, die Reihenbildung des Angreifers zu verhindern. Dabei können zwangsläufig aber auch Reihen des Verteidigers entstehen: Die Punkte dafür werden allerdings nicht ihm gutgeschrieben, sondern dem Angreifer. Nur der Angreifer kann also Punkte sammeln. Das Spiel endet, wenn 24 der 25 Felder besetzt worden sind: Dann haben Angreifer und Verteidiger jeweils zwölf Spielzüge gemacht.

Versteckte Wörter

- Alter: ab 14 Jahre
- Zahl der Spieler: ab 2

Zur Abwechslung ein Spiel mit Buchstaben und Wörtern, für das jeder Spieler auf Karopapier ein 15 mal 20 Kästchen großes Spielfeld einrahmt. Ein Spieler nennt nun einen Bereich, aus dem jeder Spieler zehn Begriffe finden und auf seinem Spielfeld verstecken muss.

Die zehn Namen können wie üblich von links nach rechts geschrieben werden, aber auch von rechts nach links, von oben nach unten oder von unten nach oben und schließlich auch diagonal. Es dürfen auch zwei Begriffe unmittelbar aneinander geschrieben werden. Damit nun der oder die Gegenspieler die versteckten Begriffe nicht so leicht finden, werden in die noch leeren Felder wahllos Buchstaben eingetragen. Dazwischen sind die zu suchenden Wörter dann wirklich schwer auszumachen. Wer als Erster die versteckten Wörter findet, hat gewonnen.

Ausbruch aus dem Gefängnis

- Alter: ab 12 Jahre
- Zahl der Spieler: ab 1

Dieses Spiel wird nicht unbedingt direkt zwischen zwei Spielern ausgetragen. Aber irgendwie ist es doch ein Duell.

Auf Karopapier wird ein 16 mal 16 Felder großes Spielfeld markiert: das Gefängnis. Jeweils vier Karos in diesem Feld bilden eine Gefängniszelle; acht in der Waagerechten, acht in der Senkrechten. Ein Gefangener soll – oder darf – aus seiner Zelle ganz links oben ausbrechen. Er gelangt zum Ausgang ganz rechts unten, wenn er alle anderen 63 Zellen dieses Knastes nur jeweils einmal durchläuft. Eine einzige Zelle darf – oder muss – er zweimal betreten, dann gelangt er in die Freiheit.
Diese Aufgabe kann ein Spieler allein lösen, man kann aber auch zwei (oder mehr) Spieler daransetzen, möglichst schnell die Lösung zu finden. Es gewinnt, bei zeitgleichem Start, wer zuerst den Weg ins Freie gefunden hat.

Land gewinnen

- Alter: ab 10 Jahre
- Zahl der Spieler: 2

Das Spielfeld ist 15 mal 15 oder 20 mal 20 Karos groß und liegt zwischen den beiden Spielern. Jeder beginnt von seiner Grundlinie aus abwechselnd einen geraden oder abgewinkelten Zug über zwei Kästchenkanten.

Wenn die Spieler Stifte mit unterschiedlichen Farben benutzen, kann nachher der Landgewinn besser abgerechnet werden. Am Schluss werden die Flächen, die jeweils nur von den Grenzlinien eines Spielers umschlossen sind, als Landgewinn für diesen gewertet. Flächen, die sowohl von der einen wie von der anderen Farbe eingefasst sind, werden nicht gewertet. Die höhere Zahl der Karos innerhalb der gewonnenen Flächen gibt den Ausschlag, wer das Spiel gewonnen hat.

Diagonalketten

- Alter: ab 10 Jahre
- Zahl der Spieler: 2

Auf Karopapier wird als gemeinsame Spielfläche für zwei Spieler ein Feld von sechs mal sechs Karos eingerahmt. Es sollten jeweils immer eine gerade Zahl von Runden gespielt werden, damit die Chancen für beide Spieler gleich sind.

Der eine Spieler versucht in diesem Spielfeld, möglichst viele diagonal verbundene Karos mit seinem Zeichen – zum Beispiel X – zu besetzen. Der Gegenspieler – mit einem O als Markierung – versucht, das zu verhindern. X kann nur direkt an einem von ihm schon besetzten Feld anschließen. Das heißt: O kann dies durch taktisch geschickte Platzierung verhindern. Er muss versuchen, dass X möglichst viele Felder nicht besetzen kann. Die Wertung: Eine diagonale Verbindung von zwei Karos bringt für Spieler X zwei Punkte, eine Dreier-Kette wird mit drei Punkten bewertet.
Für O wird anders gepunktet: Er bekommt einen Punkt für freie Felder in den Diagonalen – also für solche Felder, die er geschickt sperren konnte, so dass sie von X nicht genutzt werden können.

Schnittpunkt finden

- Alter: ab 8 Jahre
- Zahl der Spieler: 2

Auch dieses Spiel geht auf das altbekannte *Schiffe versenken* zurück. Man schießt aber nicht auf die Karos, sondern auf die Linien. Jeder der beiden Kontrahenten legt sich wieder zwei Spielpläne an. Man kann sich hier auch mit acht mal acht Karos begnügen.

Über den senkrechten Linien zwischen den Karos trägt man die Buchstaben von A bis H ein und am linken senkrechten Rand die Zahlen eins bis acht neben den waagerechten Karolinien. Ins linke Feld zeichnet nun jeder so, dass es der Gegenspieler nicht sieht, zwei sich kreuzende gerade Linien ein: Der Schnittpunkt der Linien ist es, wonach nun im Spiel gesucht wird.
Man feuert, das heißt benennt ein Karo – und bekommt entweder die Antwort, dass man ins Leere geschossen hat oder dass man eine Linie getroffen hat. Eher unwahrscheinlich ist, dass man beim ersten Schuss den gesuchten Punkt findet.
Mit dem nächsten Schuss versucht man natürlich herauszufinden, wie die Linie weiter verläuft. Sobald man dies weiß, wird es nicht mehr lange dauern, bis man im weite-

ren Beschuss der Linie den Schnittpunkt mit der zweiten Linie findet und damit das Spiel als Sieger beenden kann.

OXO-manie

- Alter: ab 10 Jahre
- Zahl der Spieler: 2

Dieses Spiel hat mit *Tic-Tac-Toe* einige Ähnlichkeit, wenn man die Zeichen betrachtet, die die beiden Spieler auf ein zehn mal zehn Karos großes Spielfeld eintragen: Hier aber verfügt jeder Spieler über die beiden Zeichen X und O.

Die Spieler sollten Stifte mit verschiedenen Farben verwenden, damit nachher die Wertung korrekt erfolgen kann.
Beide Spieler tragen abwechselnd ein X oder ein O in die Karos ein. Sie versuchen dabei, möglichst viele OXO in ihrer Farbe zu bilden. Natürlich darf man dem Gegner – wie beim *Tic-Tac-Toe* – in die Parade fahren. Aber wer nur die gegnerischen OXOs stört, kommt nicht dazu, eigene OXOs zu bilden. Ein komplettes OXO wird in der eigenen Farbe durchgestrichen. Wenn keine neuen OXO-Schöpfungen mehr möglich sind, werden die Striche gezählt und als Punkte gutgeschrieben.

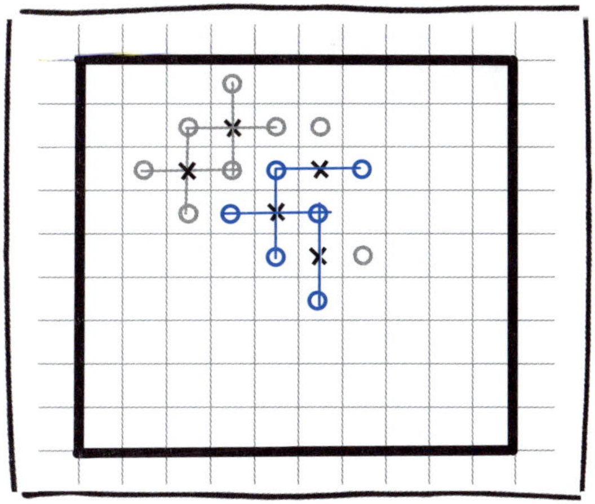

Das letzte Karokästchen

- Alter: ab 10 Jahre
- Zahl der Spieler: 2

Für beide Spieler wird ein gemeinsames Spielfeld auf Karopapier angelegt. Für ein schnelles Spiel genügen sechs mal sechs Karos; hat man sich auf eine längere Spieldauer geeinigt, kann man auch 15 mal 15 Karos einrahmen.

Abwechselnd zeichnen die Spieler ein X – der eine Spieler – und ein O – der Gegenspieler – in die Karos. Aber zwischen den Zeichen muss jeweils ein Karo frei bleiben, die Zeichen dürfen sich also nicht berühren und niemals direkt nebeneinander stehen. Gewonnen hat, wer das letzte Zeichen eintragen kann.

Rösselsprünge

- Alter: ab 12 Jahre
- Zahl der Spieler: ab 1

Dieses Spiel kann jeder Einsiedler spielen, um sich die Zeit zu vertreiben. Ebenso lässt es sich als Duell zwischen zwei Spielern austragen. Auf dem Karopapier wird ein acht mal acht Felder großes Schachbrett mit dicken Strichen eingerahmt. Die 64 Felder des Spielplans sollten nun durch Rösselsprünge möglichst vollständig erreicht bzw. durchlaufen werden.

Da jedes Feld nur einmal betreten werden darf, werden die einzelnen Sprünge mit einem Stift markiert. So lassen sich Doppelbelegungen eines Feldes ausschließen. Und es kann sogar vorteilhaft sein, wenn man die Züge fortlaufend nummeriert: Wer seine Spielergebnisse verbessern will oder gar das Ziel hat, wirklich alle 64 Felder zu besetzen, kann eine Partie nachspielen – und an einem kritischen Punkt vielleicht eine bessere Fortsetzung entwickeln.

Die Rösselsprünge können auf einem x-beliebigen Feld gestartet werden. Jeder Schachspieler weiß, wie ein Rösselsprung auszuführen ist: Ein Feld geradeaus und noch ein Feld diagonal oder umgekehrt: Erst ein Feld diagonal, daran anschließend ein Feld geradeaus.

Wenn von dem Feld, auf dem ein Rösselsprung landet, kein neuer Zug möglich ist, bedeutet dies das Ende der Partie.

Bei einem Duell wird auf einem gemeinsamen Schachbrett gespielt: Ein Spieler beginnt, der zweite zieht nach, es folgt ein Zug des ersten Spielers – und so wechseln die Spieler einander so lange ab, bis einer der beiden keine Möglichkeit mehr für einen weiteren Zug sieht: Gewonnen hat diese Runde derjenige, dem der letzte Rösselsprung gelungen ist.

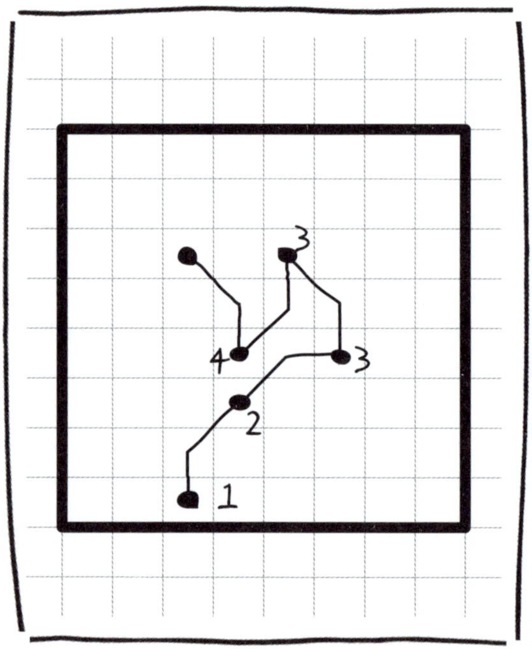

Schatzsuche

- Alter: ab 10 Jahre
- Zahl der Spieler: ab 3

Dieses Spiel hat vom Ablauf her einige Ähnlichkeit mit dem bekannteren *Schiffe versenken* (siehe Seite 84). Hier wird aber außer den beiden Duellanten noch ein neutraler Spieler gebraucht. Er versteckt den Schatz, den die beiden anderen finden sollen.

Jeder der beiden Spieler legt zwei Felder mit je neun mal neun Karos an und bezeichnet sie in der Waagerechten von links nach rechts mit den Buchstaben A bis I, in der Senkrechten von oben nach unten mit eins bis neun.
Der Spielleiter, dessen Rolle die Spieler abwechselnd übernehmen können, vergibt nun geheim an den ersten Spieler vier von den neun Buchstabenreihen und vier von den neun Zahlenreihen. Der zweite Spieler bekommt vier von den verbleibenden Buchstabenreihen und vier von den verbleibenden Zahlenreihen. Das heißt, in diesen Reihen ist der Schatz nicht versteckt: Ein Feld bleibt übrig – und da liegt der Schatz begraben.
Die beiden Spieler kennzeichnen auf jeweils einem ihrer Spielpläne die ihnen zugeteilten Karos und befragen sich nun abwechselnd, welche Felder vom Gegenüber gehalten werden. Man muss stets ehrlich antworten, darf aber bei den Fragen bluffen: Man kann also auch ein Feld abfragen, das man selbst besetzt. Auf dem zweiten Spielplan wird angekreuzt, welche gegnerischen Felder man abgefragt hat. Es können bei dieser Mischung aus ehrlicher Abfrage und Bluff sehr schnell ganze Reihen bei der weiteren Schatzsuche ausgeschlossen werden. Gewonnen hat der Spieler, der als Erster auf den Schatz gestoßen ist, also das leere Feld gefunden hat.

Expedition

- Alter: ab 10 Jahre
- Zahl der Spieler: 2

Auf Karopapier wird ein 15 mal 15 Felder großes Spielfeld markiert und zwischen den Spielern auf den Tisch gelegt. Die beiden versuchen nun, von der vor ihnen liegenden Seite des Quadrats Zug um Zug eine Linie zur gegenüberliegenden Seite zu ziehen.

Es gilt zu verhindern, dass der Gegenspieler seine Expedition erfolgreich zu Ende führen kann. Es wird jeweils von Kästchen zu Kästchen gezogen, nach vorn oder zur Seite. Ob auch Züge zurück gemacht werden dürfen, also in Richtung auf die eigene Grundlinie, ist zwischen den Spielern vor Spielbeginn zu vereinbaren.

Symmetrie

- Alter: ab 10 Jahre
- Zahl der Spieler: 2

Das Spielfeld sollte wenigstens 20 mal 20 Karos groß sein, damit ausreichend viele und möglichst große Figuren entstehen können. Ziel der beiden Spieler ist es, um die senkrechte und waagerechte Achse und um die Diagonale symmetrische Figuren in das Spielfeld einzutragen. Es geht darum, wer am Ende die meisten Karos in seinen Figuren eingeschlossen hat.

Die beiden verwenden am besten Stifte mit unterschiedlichen Farben. Zug um Zug und abwechselnd fahren sie die Karoseiten nach, bis sie eine symmetrische Fläche eingeschlossen haben. Dann beginnen sie eine neue Figur zu zeichnen. Wobei es erlaubt ist, dass Figuren der beiden Spieler gemeinsame Außenkanten haben.

Eine fertige Figur kennzeichnet jeder Spieler, indem er sie dick umrahmt, spätere Ergänzungen sind damit ausgeschlossen. Wenn das Spielfeld gefüllt ist oder die Spieler sich einig sind, dass die Phase des Besetzens beendet ist, wird zunächst gemeinsam geprüft, ob die Figuren wirklich in zwei Richtungen symmetrisch sind. Anschließend zählen die Spieler die in den Figuren eingeschlossenen Karos.

Figuren können einem spontan einfallen, man kann aber auch vorher testen, welche Figuren den meisten Gewinn an Feldern mit dem geringsten Aufwand an Zügen bringen. Die vier Abbildungen geben da einigen Aufschluss:

- Ein einfaches Karo wird mit vier Zügen umschlossen.
- Ein aus vier Karos bestehender Block wird mit acht Zügen eingeschlossen: Dabei gewinnt man viermal mehr Felder, während nur die nur doppelte Anzahl von Zügen nötig ist.
- Die Figur eines Kreuzes enthält fünf Karos und ist mit zwölf Zügen fertig.
- Die vierte Figur entsteht mit 20 Zügen und schließt 13 Karos ein.

Je kompakter eine Form ist, desto kleiner ist ihre Außenfläche. Aber dennoch kann man sich nicht auf einfache, kleine Figuren beschränken: Dann ließe man dem Gegenspieler den Spielraum für große, ausgreifende Figuren.

In der Illustration unten ist dem einen Spieler ein Fehler unterlaufen: Die Figur rechts unten kann nicht gewertet werden, weil sie zwar um die waagerechte und senkrechte Achse gespiegelt werden kann, nicht aber um die Diagonalen.

Magisches Quadrat

- Alter: ab 10 Jahre
- Zahl der Spieler: ab 1

Seit einiger Zeit spielt alle Welt *Sudoku* und viele der Spieler meinen, sie wären bei einem völlig neuen Spiel aktiv dabei. Dabei geht *Sudoku* auf ein uraltes Spiel zurück: das *Magische Quadrat*.

Beim *Magischen Quadrat* sind die Zahlen eins bis neun in neun Feldern so zu verteilen, dass in allen waagerechten, senkrechten und diagonalen Reihen die Addition der jeweils drei Zahlen 15 ergeben muss.

8	1	6
3	5	7
4	9	2

Das hier gezeigte Beispiel ist nur eine von mehreren Lösungen.

Wer sich als Einsiedler die Zeit vertreiben oder wer in einer größeren Runde darauf verweisen will, dass das Prinzip von *Sudoku* nicht neu ist, kann sich daran versuchen, herauszufinden, wie viele Lösungen bei Verwendung der Zahlen eins bis neun entstehen können.

Man kann das Spiel variieren und zum Beispiel dreimal drei gleiche Zahlen so einsetzen, dass wiederum gleiche Summen in allen Reihen entstehen. Wie wäre es damit, nur die Zahlen 1, 2 und 3 – oder 2, 4 und 6 zu verwenden. Dabei müssen 6 bzw. 12 die Summen der Reihen sein: 1 + 2 + 3 = 6 bzw. 2 + 4 + 6 = 12. Man kann auch höher greifen und in das *Magische Quadrat* die Zahlen 21 bis 29 (Reihen-Summen = 75) oder 91 bis 99 (Quersumme 95) einsetzen.

Dass das *Magische Quadrat* schon lange vor *Sudoku* als Denksportaufgabe und Rechenkunststück bekannt war, belegt ein Kupferstich von Albrecht Dürer. Sein Bild *Die Melancholie* zeigt nahe der rechten oberen Ecke ein *Magisches Quadrat* mit 16 Feldern und dieser Verteilung von nun 16 Zahlen:

16	3	2	13
5	10	11	8
9	6	7	12
4	15	14	1

Alle waagerechten, senkrechten und diagonalen Reihen ergeben die Summe 34. Dieses Quadrat ist aber noch magischer als es auf den ersten Blick erscheint. Unterteilt man das Quadrat durch ein Kreuz in vier Teilquadrate, kann man auch in diesen vier Bereichen die vier Zahlen zu 34 addieren. Und auch das aus vier Quadraten bestehende

Mittelfeld ergibt die Summe 34. Forscher haben in diesem Dürer-Quadrat noch mehr Eigentümlichkeiten entdeckt.
Die offensichtlichsten unter ihnen: In der unteren Reihe hat Dürer die Jahreszahl der Entstehung seines Werks untergebracht – 1514. Damit genug historische Magie. Sie soll dazu anregen, das diesem Buch beiliegende Karopapier auch für dieses Spiel zu nutzen und alle Möglichkeiten zu entdecken, die im einfachen Neun-Felder-Quadrat stecken. Dies kann dazu anregen, am Computer eigene *Sudokus* zu entwickeln. Um viele Zahlen wieder erleichtert, kann man sie später Freunden und Mitspielern zur Lösung vorlegen.

Der Wurm

- **Alter:** **ab 8 Jahre**
- **Zahl der Spieler:** **2**

Auf Karopapier wird ein zehn mal zehn Karos großes Spielfeld abgesteckt. Darauf spielen zwei Spieler gemeinsam, mit abwechselnden Zügen.

Der erste Spieler beginnt an beliebiger Stelle damit, zwei Eckpunkte der Karos durch eine Linie dick nachzuzeichnen. Der zweite Spieler setzt diese Linie waagerecht oder senkrecht fort. Und so spielen die beiden abwechselnd weiter, indem jeder an den Zug des anderen anschließt und damit „den Wurm fortsetzt“. Dabei darf die sich über das Spielfeld windende Linie nicht kreuzen. Ziel jedes Spielers ist es, den anderen in die Situation zu bringen, dass dieser keinen freien Punkt mehr für die Weiterführung der Linie findet oder an der Begrenzung des Spielfelds landet, von wo auch kein Zug mehr möglich ist.

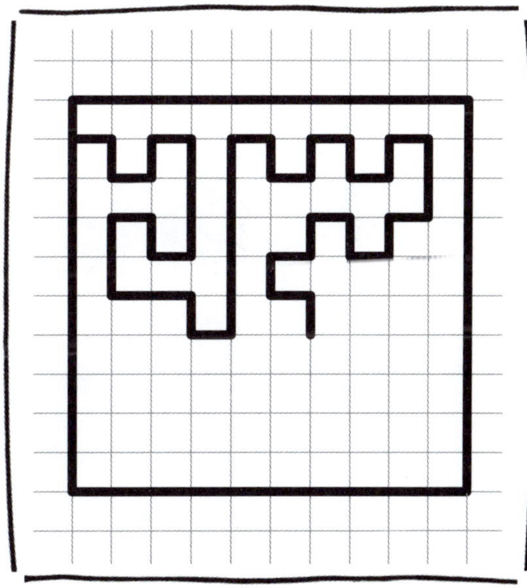

Kapitel Fünf
Sportliche Wettkämpfe

Bei den sportlichen Wettkämpfen in diesem Kapitel geht es nicht um neue Bestmarken im Sinn von „höher, schneller, weiter". Vor allem Feinmotorik, Genauigkeit und Konzentration werden hier von den Kontrahenten gefordert. Als Fitnesstraining lassen sich diese Spiele also kaum betrachten. Aber wer sich vor lauter Spaß kringelig lacht, kommt vielleicht auch mal außer Puste – und hat dann zumindest die Lachmuskeln und das Zwerchfell trainiert.

Weitsprung

- Alter: ab 8 Jahre
- Zahl der Spieler: ab 2

Auf einem DIN-A-4-Blatt wird zunächst ein etwa 20 mal vier Zentimeter großes Rechteck als Sprunggrube angelegt und an einer Schmalseite der Absprungbalken markiert. Sobald auch ein Lineal bereitliegt, kann der Wettbewerb beginnen.

Der erste Spieler setzt seinen Stift auf den Absprungbalken, schließt die Augen und versucht nun, so weit wie möglich zu springen: Dabei zieht er eine Linie. Die Weite wird gemessen und notiert, sofern der Springer innerhalb der Sprunggrube gelandet ist. Wer außerhalb der Sprunggrube landet, riskiert zwar keinen Bänderriss, muss sich aber einen ungültigen Versuch anschreiben lassen. Jeder Wettkämpfer hat drei Versuche. Es gewinnt, wer den weitesten Sprung geschafft hat.

Etwas schwieriger!

Man kann das Spiel etwas variieren, indem man in einigen Zentimetern Abstand zum Absprungbalken einen Anlaufpunkt markiert. Von hier aus ist – wieder mit geschlossenen Augen – Anlauf zu nehmen: Der Stift zieht dazu einen Strich. Erst auf dem Absprungbalken, den man blind getroffen haben muss, wird zum Sprung angesetzt. Diese Variante führt wahrscheinlich zu mehr Fehlversuchen, denn es ist nicht leicht, die Länge des Anlaufs blind genau einzuschätzen.

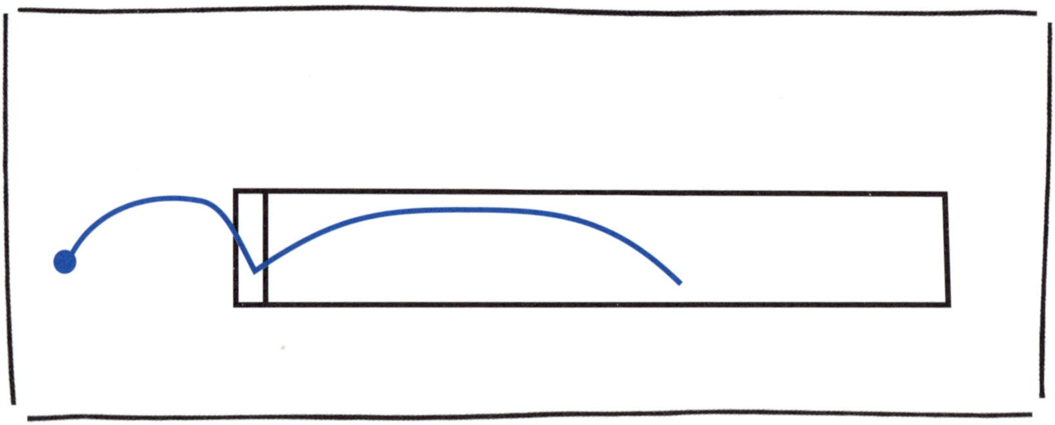

Tischtennis

- Alter: ab 8 Jahre
- Zahl der Spieler: 2

Auf einer Postkarte hätte der Spielplan für dieses Match Platz. Wenn man mit viel Temperament und Tempo spielt, bereitet es ähnlich viel Vergnügen wie das echte Pingpong-Spiel auf der 2,74 mal 1,52 Meter großen Platte, ist aber weniger anstrengend. Außer einem Bogen Papier benötigt man zwei Würfel.

Auf dem Papier wird eine Linie gezogen, die Tischtennisplatte sozusagen. In der Mitte platziert man auf dieser Linie einen dicken senkrechten Strich von einigen Zentimetern Länge: das Netz. Rechts und links vom Netzstrich zeichnet man in gleichmäßigen Abständen sieben kürzere senkrechte Striche ein. Unter diese Striche schreibt man von innen nach außen die Ziffern 6 bis 0. Die 0-Striche markieren die Ränder der Tischtennisplatte. Die beiden Stifte der Spieler sind der Ball: Sie werden mit ihren Spitzen an die Platte gelegt, unterhalb der Zahl, an der der Ball gelandet ist.

Es wird darum gewürfelt, wer beginnt: Der Spieler mit der höheren Augenzahl hat den ersten Aufschlag. Er würfelt mit beiden Würfeln und zählt die Augen von Strich 1 an. Mit mindestens sieben Augen gelangt der Ball über das Netz. Der Gegenspieler würfelt und schlägt, wenn die gewürfelte Augenzahl ausreicht, den Ball von dort zurück, wo er gelandet ist. Der Ball kann vom ersten Spieler wieder zurückgespielt werden. Der Ballwechsel dauert so lange, bis ein Spieler den Ball nicht über das Netz bekommt oder aber über den Plattenrand hinauswürfelt.

Sollte der erste Spieler den Ball nicht über das Netz gebracht haben, das heißt, beide Würfel zeigen weniger als sechs Augen,

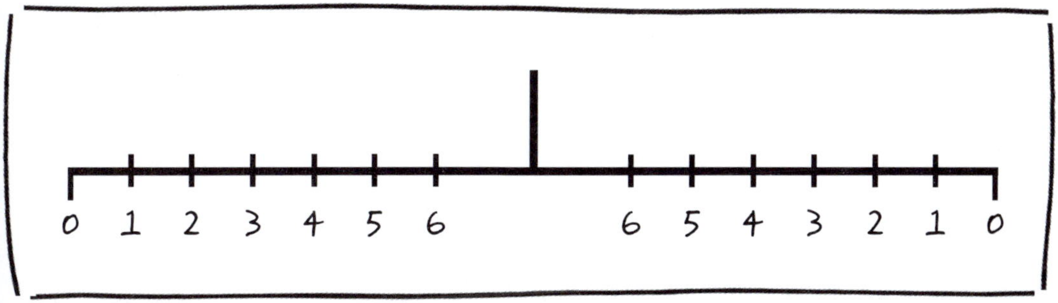

wird der Aufschlag wiederholt. Ein zweiter Fehlversuch bringt dem Gegenspieler einen Punkt. Ebenso wird ein Punkt dem Gegenspieler gutgeschrieben, wenn der Ball über die Platte hinausfliegt.
Wenn der vom Gegner geschlagene Ball in der eigenen Hälfte dicht hinter dem Netz gelandet ist und wenn Gefahr besteht, dass beim Schmettern, also beim Einsatz beider Würfel, die gewürfelte Augenzahl den Ball über die Platte hinausfliegen lässt, dann darf man auch nur einen Würfel einsetzen.
Schlägt man den Ball ins Netz, dann darf nur beim Aufschlag noch einmal gewürfelt werden. Während des Ballwechsels gibt das einen Punkt für den Gegenspieler. Nach fünf Aufschlägen wechselt das Aufschlagrecht. Ein Satz ist zu Ende gespielt, wenn ein Spieler 21 Punkte erreicht hat und der Gegenspieler mindestens zwei Punkte zurückliegt. Beim Stand von 20 : 20 oder 21 : 20 wird weitergespielt, bis ein Zweipunkte-Abstand erreicht ist. Die beiden Spieler können vor Spielbeginn vereinbaren, auf wie viele Gewinnsätze sie spielen wollen.

Fußball

- Alter: ab 8 Jahre
- Zahl der Spieler: 2

Den echten Fußballfan mag es irritieren, was hier als ein Fußballspiel vorgeschlagen wird, aber schließlich hat das eben als *Tischtennis* bezeichnete Spiel auch nur entfernte Ähnlichkeit mit dem Original. Tore entscheiden hier nicht das Spiel, denn es werden gar keine geschossen ...

Für dieses Fußballspiel braucht man ein wenigstens DIN-A3 großes Papier. Am besten ein Stück Packpapier, denn es kann – wie beim richtigen Fußball – zuweilen recht rau zugehen. Auf dem Papier wird eine Mittellinie gezeichnet. In der jeweiligen Mitte der beiden Schmalseiten markieren etwa 5 Zentimeter lange Striche die Tore. Jeder der beiden Spieler verteilt dann in seiner Spielhälfte mit seinem Farbstift elf Spieler in Form von kleinen Kreisen, die mit Hilfe eines 1-Cent-Stücks gezeichnet werden. Mit einer Münze wird gelost, wer Anstoß hat. Dann wird so gespielt: Der anstoßende Spieler setzt seinen Farbstift auf seine Tormarkierung und zieht dann einen schnellen Strich (aber wirklich schnellen Strich!) auf einen gegnerischen Spieler zu. Die Stiftspitze sollte nachgezogen werden, sonst gibt es Risse im Papier. Landet der Strich genau in einem Kreis, der einen gegnerischen Spieler andeutet, wird dieser durchgestrichen: Er ist damit aus dem Spiel. Endet der Strich vor, neben oder hinter dem Kreis, bleibt er weiter im Spiel. Der Gegenspieler macht darauf seinen Spielzug. Das Spiel geht so lange weiter, bis ein Spieler alle seine Fußballer – und damit auch das Spiel – verloren hat.

Hochsprung

- Alter: ab 8 Jahre
- Zahl der Spieler: ab 2

Auf einem Blatt Papier sind zwei parallele Linien im Abstand von etwa zehn Zentimetern zu ziehen. Das Papier wird dann so an eine senkrechte Fläche geheftet, zum Beispiel eine Wand, eine Tür oder eine Schrankfront, dass die beiden Linien waagerecht angeordnet sind.

Jeder Springer setzt seinen Stift auf der unteren Linie an, schließt die Augen und zieht nun einen bogenförmigen Strich über die obere Linie, die gedachte Latte einer echten Hochsprunganlage. Ist die Latte überquert, wird dieser Sprung als gültig notiert. Wer bei drei Versuchen wenigstens einen gültigen Sprung verbuchen kann, ist bei der nächsten Runde dabei, wenn die Latte höher gelegt wird. Dazu zieht man auf dem Papier einen weiteren Strich, und zwar etwa einen Zentimeter höher als den vorigen. Der Wettkampf wird so lange fortgeführt, bis keine Höhe mehr korrekt übersprungen wird.

Hundertmeterlauf

- Alter: ab 8 Jahre
- Zahl der Spieler: ab 2

Ein beliebig langes Rechteck auf einem Blatt Papier wird in zehn Kästchen unterteilt. Einen Zentimeter vor der einen Schmalseite wird ein Startpunkt markiert.

Jeder Spieler durchläuft mit geschlossenen Augen die Strecke, indem er mit seinem Stift in jedes Kästchen einen Punkt zeichnet. Für jeden korrekt gesetzten Bleistiftpunkt gibt es einen Bewertungspunkt.
Gewonnen hat diesen Wettlauf, wer die meisten Kästchen getroffen und dafür die meisten Punkte eingeheimst hat.

Hürdenlauf

- Alter: ab 8 Jahre
- Zahl der Spieler: ab 2

Diese Disziplin kann auf der gleichen Bahn wie der Hundertmeterlauf bestritten werden. Auf einer als Rechteck angelegten Bahn, so lang wie das vorhandene Papier, werden in gleichmäßigen Abständen Striche gezogen. Sie sind die Hürden.

Jeder Spieler startet an einer Schmalseite der Rennstrecke mit geschlossenen Augen. Er soll

- einen Strich bis zur Hürde ziehen,
- über die Hürde springen (das heißt: einen Bogen über den Querstrich ziehen),
- bis zur nächsten Hürde laufen (das heißt: einen geraden Stich ziehen),
- die nächste Hürde überwinden und sich so weiter bis zur Ziellinie fortbewegen.

Weil das aber selbst nach intensivem Training kaum einer schafft und die meisten Papiersportler vorher von der Bahn abkommen oder eine Hürde umrennen, kann man vereinbaren, dass man nach jedem Sprung über eine Hürde die Augen öffnen, den Stift an die zuletzt korrekt übersprungene Hürde zurücksetzen und den Lauf mit wieder geschlossenen Augen fortsetzen darf. Man kann, wenn eine Stoppuhr vorhanden ist, die Laufzeit jedes Spielers messen. Für jede umgerannte und somit nicht korrekt übersprungene Hürde rechnet man eine Sekunde zur gesamten Laufzeit hinzu. So wird der schnellste Hürdenläufer ermittelt.

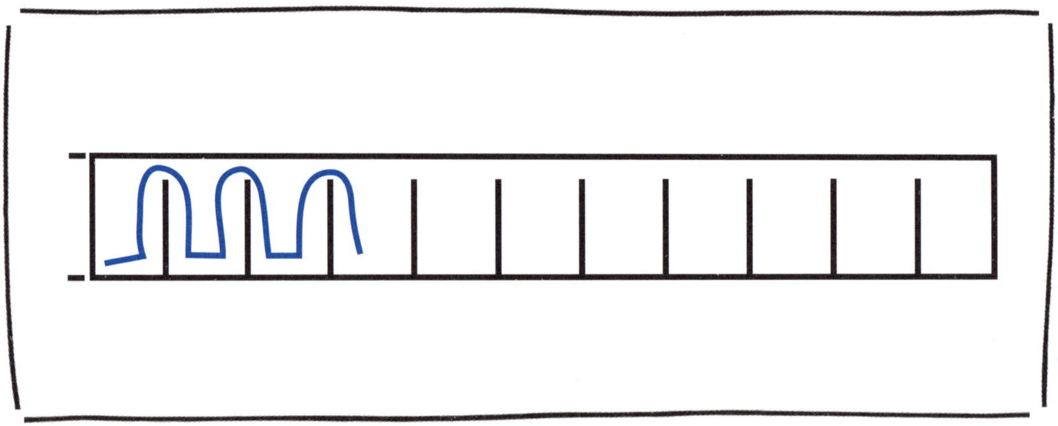

Turmspringen

- Alter: ab 8 Jahre
- Zahl der Spieler: ab 2

Auch dieser verfremdete Wettkampf lässt sich vom nassen Element auf ein trockenes DIN-A-4-Blatt verlegen.

Ein Rechteck von zwei mal drei Zentimetern nahe einer Schmalseite des Papiers stellt das Wasserbecken dar. Eine Zentimeterskala, die auf das Becken zuläuft, ist der Sprungturm.

Nacheinander absolviert jeder Springer mit geschlossenen Augen einen Sprung, beginnend bei der niedrigsten, das heißt, dem Wasserbecken nächstgelegenen Sprunghöhe von einem Zentimeter. Landet er im Wasser, was bei dieser geringen Höhe noch kein Problem sein sollte, darf er anschließend von der nächsthöheren Plattform des Sprungturms springen.

Wer bei einem Sprung außerhalb des Wasserbeckens landet, scheidet aus dem Wettbewerb aus. Es werden so viele Zentimeter als Punkte für ihn notiert, wie er erfolgreiche Sprünge absolviert hat.

Bester Turmspringer und Sieger des Spiels ist der, für den die höchste Punktzahl angeschrieben werden kann.

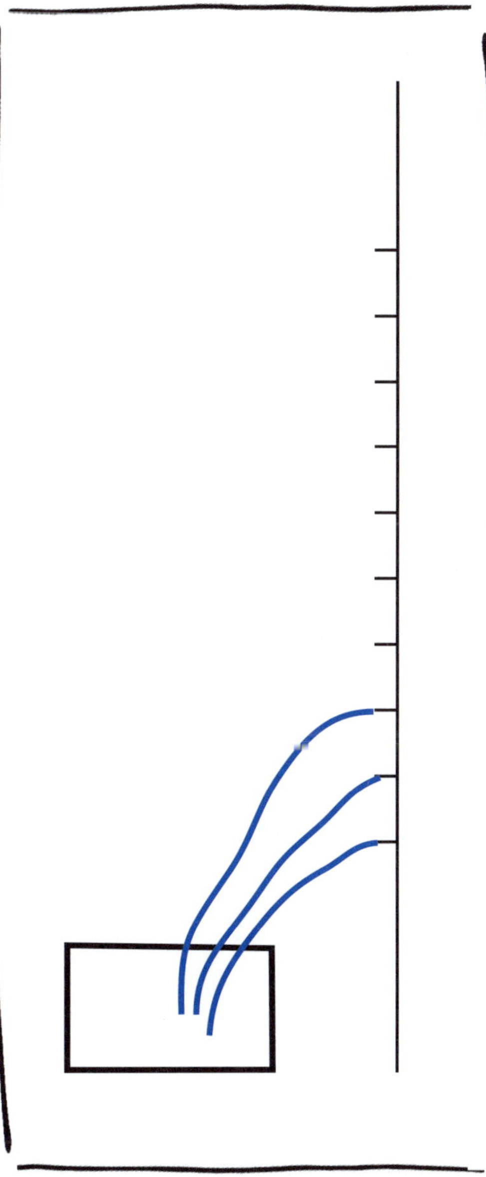

Kugelstoßen

- Alter: ab 8 Jahre
- Zahl der Spieler: ab 2

Man könnte diesen Wettkampf auch Speerwerfen oder Diskuswerfen nennen: Jedenfalls gilt es, von einem Wurfkreis nahe einer Schmalseite des Blatts Papier den Stift mit geschlossenen Augen so weit wie möglich zu befördern, allerdings ohne außerhalb des Papiers zu landen.

Wie im richtigen Sport wäre es möglich, vom Wurfkreis aus einen Sektor anzuzeichnen, außerhalb dessen ein Kugelstoß oder Speerwurf ungültig wäre. Jüngere Papiersportler könnten dies aber vielleicht als zu heftige Einschränkung empfinden. Bleiben wir dabei, dass die Kugel oder der Speer auf der gesamten Papierfläche landen darf.
Jeder Spieler hat drei Versuche. Die Weiten aller gültigen Versuche werden mit einem Lineal gemessen, notiert und dann zusammengezählt. Die Addition aller Weiten ergibt die Siegesweite.

Sommer-Slalom

- Alter: ab 8 Jahre
- Zahl der Spieler: ab 2

Wenn nun schon gängige Sportarten verfremdet werden, dann auch konsequent: Dieser Slalom erfordert keinen Schnee und kann auch bei 30 Grad Celsius im Schatten ausgetragen werden.

Man steckt auf einem Blatt Papier einen Slalomkurs ab, und zwar so, dass jeweils zwei Punkte oder Kreuzchen die fortlaufend nummerierten Tore markieren.
Auf dem Weg vom Start (an einer Ecke des Papierbogens) zum Ziel an der gegenüberliegenden Ecke) sind sie möglichst schnell, aber korrekt und ohne „Einfädeln" zu durchfahren.
Die vorgegebene Slalomstrecke im Anhang kann fotokopiert oder gescannt und dabei vergrößert werden: Dann passt der Slalomhang auf ein DIN-A-4-Blatt.
Jeder Spieler durchläuft die Slalomstrecke möglichst schnell. Die Laufzeit wird mit einer Stoppuhr gemessen. Wer an einem Tor vorbeifährt, scheidet bei diesem Lauf aus. Bei insgesamt drei Umläufen gewinnt der Zeitschnellste die Slalom-Konkurrenz.

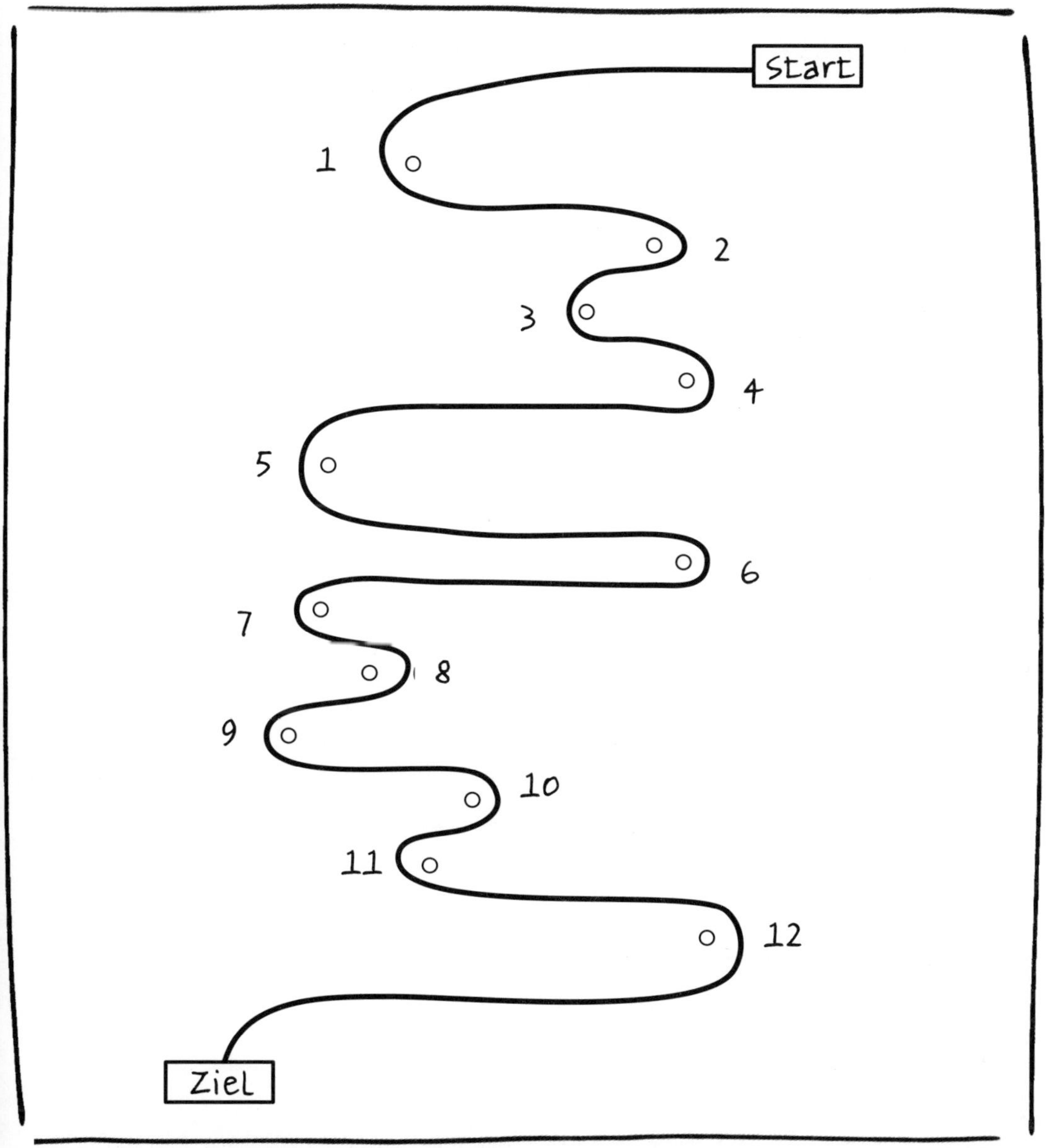
Start
1
2
3
4
5
6
7
8
9
10
11
12
Ziel

Hindernislauf

- **Alter:** ab 8 Jahre
- **Zahl der Spieler:** ab 2

Im Unterschied zum Hürdenlauf kann hier mit offenen Augen gespielt werden, wenn die Laufzeiten der Spieler mit einer Stoppuhr exakt gemessen werden können.

Die Spieler setzen ihren Stift an der Startlinie auf die Laufbahn und „rennen" nun so schnell wie möglich um die Hindernisse herum bis ins Ziel. Der Parcours ist in der Zeichnung zu sehen: Zwischen zwei im Abstand von zwei Zentimetern gezogenen, 20 Zentimeter langen Linien sind in jeweils zwei Zentimetern Abstand zehn senkrechte, jeweils etwa einen Zentimeter lange Striche anzubringen, wechselweise an der einen und der anderen Schmalseite angesetzt.

Hindernislauf rund um die Bahn

- **Alter:** ab 8 Jahre
- **Zahl der Spieler:** ab 2

Auf ein DIN-A-Blatt wird ein Oval, also eine das ganze Papier füllende Stadionrunde gezeichnet. Jeweils drei parallele, in Abständen von je einem Zentimeter angelegte Striche stellen vier, fünf oder sechs Hindernisse dar. Je eine Hürde sollte sich in den Kurven befinden. Dazu ist noch die Start- und Ziellinie zu kennzeichnen.

Mithilfe einer Stoppuhr ermittelt man die Laufzeiten der Spieler. Der Wettkampf läuft so ab, dass jeder Spieler nach dem Startkommando mit offenen Augen die Bahn zehnmal umrundet. Dabei gilt es, die Hindernisse zu überwinden. Sie sind korrekt genommen,

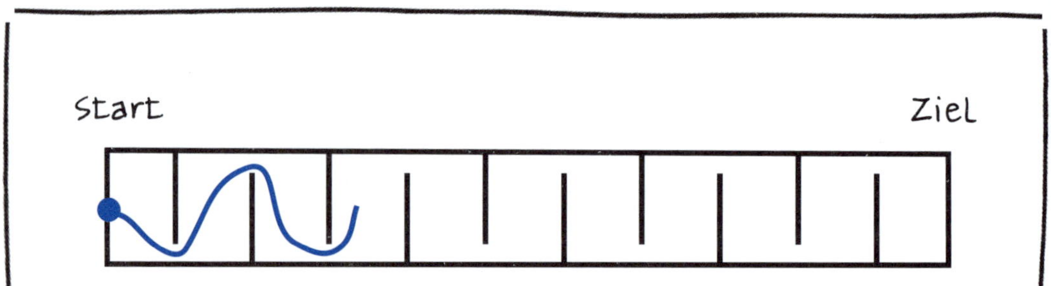

wenn der Stiftstrich vor der ersten Hindernislinie absetzt und erst zwischen zweiter und dritter Linie wieder zum Weiterlaufen ansetzt. Beim möglichst schnellen Lauf darf man also nicht in die Hindernisse geraten: Das ist geschehen, wenn die Laufstriche zwischen erster und zweiter Linie enden, und vor der zweiten oder nach der dritten Linie erst wieder fortgeführt werden. Solche Fehler werden geahndet, indem der gemessenen Laufzeit jeweils zwei oder gar fünf Sekunden hinzugezählt werden.

Die am Hindernislauf beteiligten Wettkämpfer nutzen die gleiche Laufbahn und legen nicht für jeden Läufer eine neue Bahn an. Die Laufstile der beteiligten Sportler können also nur dann korrekt ermittelt werden, wenn sie Stifte in verschiedenen Farben verwenden.

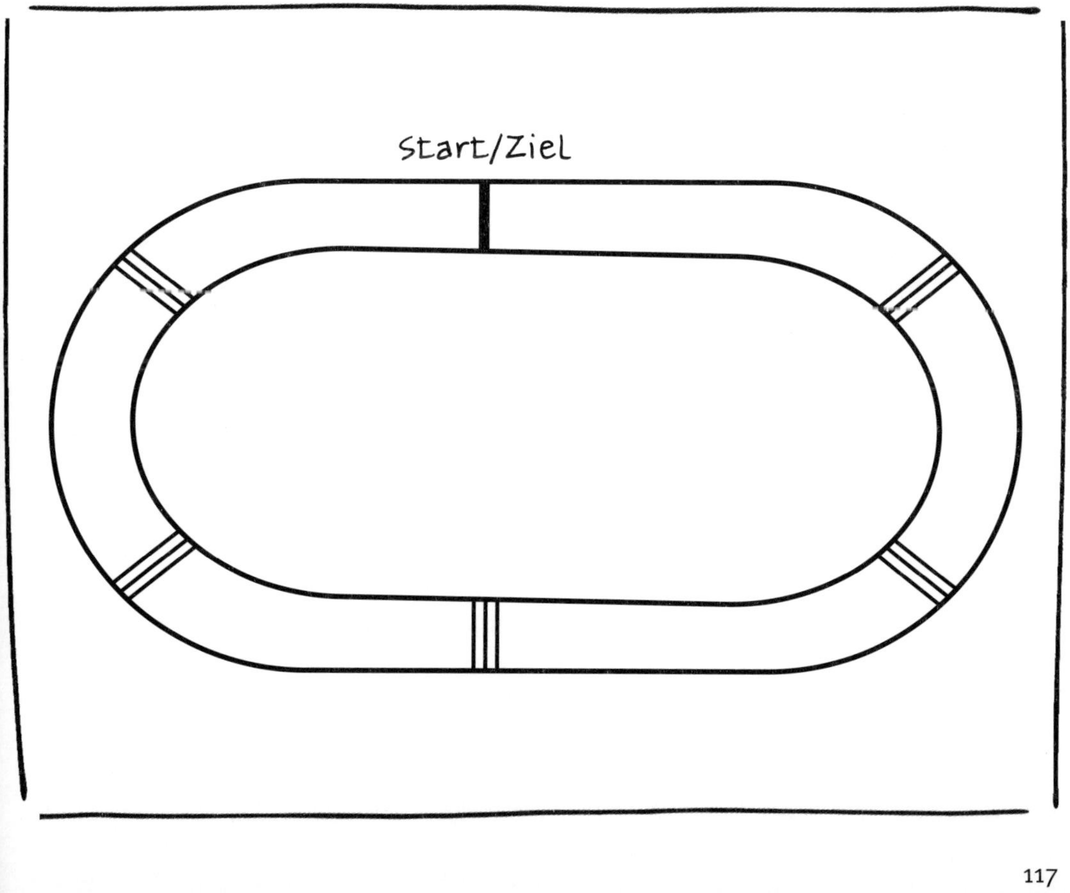

Golf

- Alter: ab 8 Jahre
- Zahl der Spieler: ab 2

Golf ist längst nicht mehr so exklusiv wie noch vor wenigen Jahren, aber immer noch mit einigem Geldaufwand verbunden. Hier wird eine Version dieses Spiels vorgeschlagen, die weder Zeit, Geld noch Ausrüstung verlangt, keine besondere Kondition voraussetzt und auch vom Wetter unabhängig ist. Bewegung an der frischen Luft kann sie jedoch nicht ersetzen, selbst dann nicht, wenn auf der Terrasse oder dem Balkon gespielt wird.

Wie beim richtigen Golfen kommt es auf Konzentration und Fingerspitzengefühl an, damit der Ball mit möglichst wenigen Schlägen über die Bahn gespielt wird, nicht im Rough landet und auf dem Green auch nicht allzu viel vermurkst wird.

Ungewöhnlich ist, dass man den Golfplatz erst herrichten muss. Da kann jeder sein eigener Golfplatz-Architekt sein; einfacher kommt man zum Spielen, wenn der Plan im Anhang gescannt oder fotokopiert wird. Dazu sollte man ihn am besten auf ein DIN-A3-Format vergrößern. Die unterschiedlich langen und unterschiedlich geformten Bahnen, von eins bis neun bzw. von zehn bis 18 nummeriert, sind so anzulegen, dass es jeweils kurze Verbindungen zwischen dem Loch der einen Bahn und dem Abschlag der nächsten Bahn gibt. Wenn man es so wie die richtigen Golfplatz-Gestalter machen will, sorgt man außerdem dafür, dass das 9. und das 18. Loch möglichst nahe am Clubhaus liegen, wo die Golfspieler nach absolvierter Runde dann das 19. Loch, die Bar im Clubhaus, aufzusuchen pflegen ...

Bei jeder Bahn ist der Abschlag zu markieren und am Ende im Green durch einen kleinen Kreis das Loch, in das der Ball versenkt werden soll. Vor dem Green kann man einen oder zwei Sandbunker als schraffierte Flächen anlegen. Man kann in einige Bahnen auch seitliche oder in den Fairway reichende Wasserflächen sowie Bäume einzeichnen. Landet der Ball im Wasser oder in einem Baum, kostet das einen Strafschlag.

Ist der Golfplatz angelegt oder kopiert, kann das Spiel beginnen. Wie beim richtigen Golf könnten hier die so genannten Flights aus zwei, drei oder auch vier Spielern bestehen. Der Farbstift ist hier Schläger und Ball in einem. Man setzt die Stiftspitze auf den Abschlag einer Bahn, schließt die Augen und springt mit dem Stift in Richtung Grün. Ist man gelandet, darf man nachsehen, wo der Ball aufgesetzt hat: Die Spitze des Stifts darf sich dabei nicht bewegen! Die Augen werden vor dem zweiten Schlag wieder geschlossen. Mit anderen Worten: Wie beim richtigen Golfen versucht man, mit möglichst wenigen Schlägen im Loch zu landen, wobei auch hier gilt, dass das Loch genau getroffen werden muss. Und wie beim richtigen Golf schreibt jeder Spieler auf, wie viele Schläge er für die einzelnen Bahnen benötigt hat. Landet man in einem Wasser oder in einem Baum bzw. Busch, ist ein zusätzlicher Schlag (ein Strafschlag) aufzuschreiben. Und landet der Ball im Rough, dem ungemähten Gras neben dem Fairway, sollte „gedroppt" werden: Dabei setzt man den Stift am Rand des Fairways, aber nicht näher am Loch, zu einem neuen Schlag an. Wieder ist ein zusätzlicher Schlag anzuschreiben.

Gewonnen hat der Spieler, der mit den wenigsten Schlägen die Runde von neun oder 18 Bahnen absolviert hat.

Variante

Neben diesem Zählspiel kann auch ein Lochspiel gespielt werden. Hier wird pro Loch oder Bahn der Gewinner ermittelt – und das gesamte Spiel ist schon gewonnen, wenn ein Spieler mehr Löcher eingenommen hat, als noch zu spielen sind. Bei knappem Spielstand wird die ganze Runde gespielt, ehe ein Sieger feststeht.

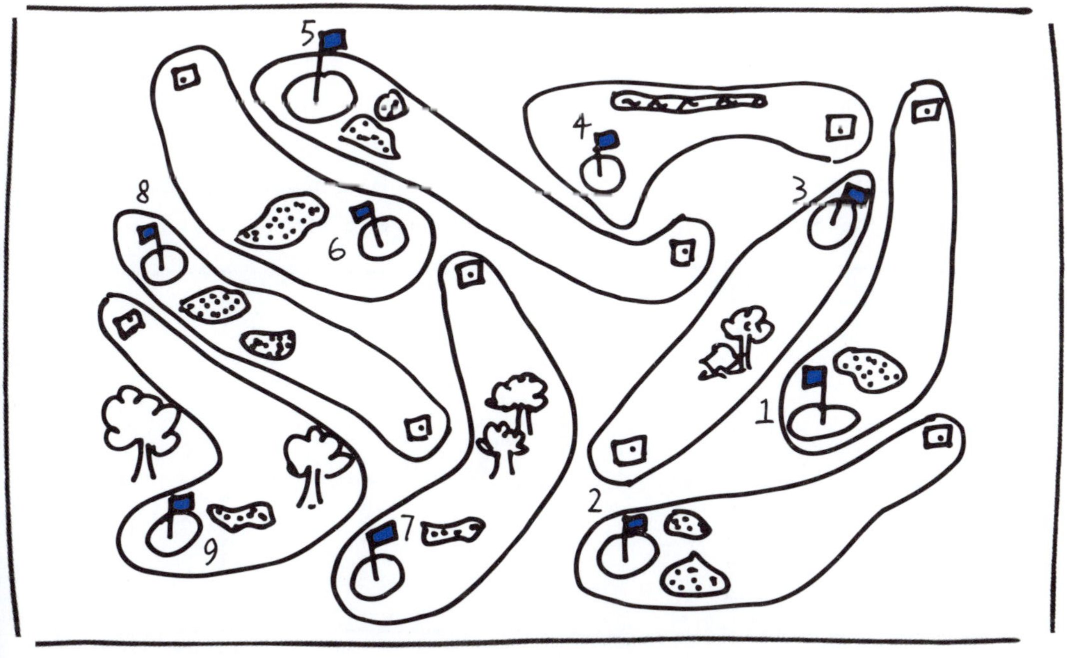

Turnen am Stufenbarren

- Alter: ab 8 Jahre
- Zahl der Spieler: ab 2

Bei diesem Spiel darf jeder seine turnerischen Fähigkeiten am Stufenbarren zeigen. Man riskiert dabei zwar nicht, schmerzhaft von dem Gerät herunterzufallen, aber man kann sich eine gute oder schlechte Haltungsnote holen.

Das Turngerät ist einfach gebaut. Wie die Illustration zeigt, besteht es aus zwei parallel angeordneten Holmen, mit einem Punkt jeweils in der Mitte. In einigem Abstand zum ersten Holm liegt sozusagen das kleine Sprungbrett auf dem Boden der Turnhalle. Von hier aus startet die Turnübung, für die vorher mit offenen Augen trainiert werden darf: Jeder hat drei Versuche zum Üben, ehe es zum eigentlichen Wettkampf übergeht. Man platziert den Bleistift auf dem Sprungbrett, schließt die Augen, springt gegen den ersten Holm und macht eine komplette Rolle um den Mittelpunkt des Holms. Dann springt man, immer noch mit geschlossenen Augen, zum zweiten Holm und macht auch dort eine korrekte Rolle. Von dort soll man dann noch eine punktgenaue Landung auf der Matte hinter dem Stufenbarren schaffen.

Wer zwischendurch „vom Gerät fällt", also schon den ersten Holm verfehlt, wird gleich darauf aufmerksam gemacht. Er muss die Übung nicht beenden, sondern darf einen zweiten Versuch machen. Wer beide Rollen korrekt am Gerät ausführt, wird im Vergleich mit den anderen Turnern danach benotet, wie rund die Rollen ausgefallen sind. Wer nicht auf der Matte gelandet ist, muss sich einen Punktabzug gefallen lassen.

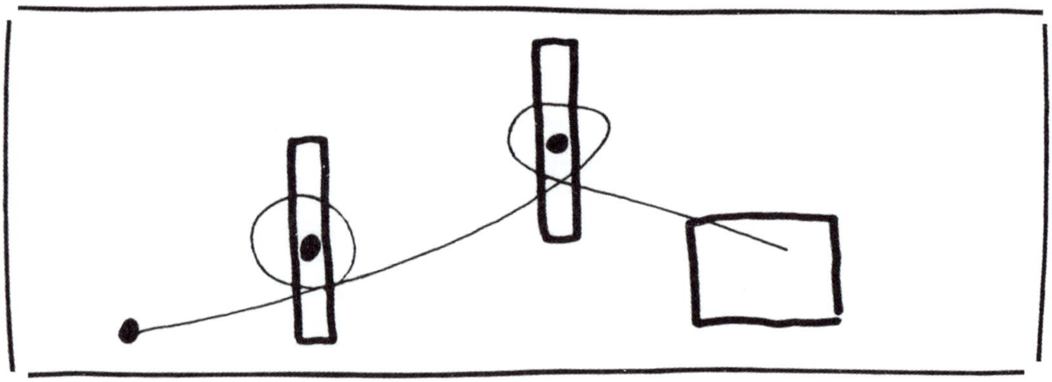

Basketball

- Alter: ab 8 Jahre
- Zahl der Spieler: ab 2

Anders als bei den anderen sportlichen Wettkämpfen braucht man bei diesem Spiel noch einen Ball in Form einer Münze und einen Bleistift, der sozusagen den Spieler vertritt.

Zunächst muss auf einem DINA-4-Blatt der Korb platziert werden und in einigem Abstand wird die Freiwurflinie als Punkt markiert, von der aus der Spieler – in diesem Fall die auf das Papier aufgesetzte Bleistiftspitze – den Ball (also die Münze) in den Korb befördern muss. Die Distanz zwischen Korb und Freiwurflinie sollte nicht zu groß sein, denn es kommt ja nicht auf möglichst große Distanz an, sondern auf Genauigkeit beim Freiwurf.

Die Bleistiftspitze wird hinter der Münze auf das Papier gesetzt, man schließt die Augen und versucht, die Münze möglichst vollständig im Korb zu versenken.

Gelingt es, die Münze vollständig innerhalb des Korbs zu landen, gibt es dafür zwei Punkte. Will die Spielrunde großzügig sein, kann sie jeweils noch einen Punkt vergeben, wenn die Münze mit mehr als der Hälfte im Korb landet.

Trapschießen

- Alter: ab 8 Jahre
- Zahl der Spieler: ab 2

Ganz lautlos und ganz ungefährlich ist diese Sportart. In der Realität erfordert sie äußerst präzise und dabei doch schnelle Armbewegungen sowie ein schnelles Auge.

Schießen wird wieder mit geschlossenen Augen gespielt, die Präzision liegt eher in knappen Armbewegungen, die gleichwohl so gut koordiniert sein sollen, dass genau das Ziel getroffen wird. Und zu hören ist allenfalls der Jubel der beteiligten Spieler, wenn ein guter Schuss gelungen ist.

Auf einem quer liegenden Blatt Papier wird ein kleines Rechteck als Zielfeld gezeichnet, in jeweils etwa zehn Zentimetern Entfernung rechts und links unterhalb des Zielfelds werden zwei Punkte markiert.

Jeder Spieler spielt mit zwei Stiften. Der Stift in der rechten Hand (bei Rechtshändern) stellt sozusagen den Schützen dar, der vom rechten Punkt aus seine Munition abfeuert. Der Stift in der linken Hand simuliert die „Tontaube“, die vom linken Punkt aus wegfliegt. Im Idealfall trifft man sie genau im Zielfeld. Und so läuft das Schießen ab: Der Spieler setzt die beiden Stifte auf die Startpositionen, schließt die Augen und führt sie auf das Zielfeld zu, wo sie sich kreuzen sollten.

Treffen sich die beiden Striche innerhalb des Zielfelds, gibt es dafür zwei Punkte, liegt der Kreuzungspunkt auf einer Kante, gibt es einen Punkt. Für einen Treffer außerhalb des Zielfelds kann es natürlich keinen Punkt geben. Man vereinbart eine Serie von zum Beispiel 20 Versuchen. Wer danach die meisten Punkte in diesem Wettbewerb hat, ist der Gewinner des Trapschießens.

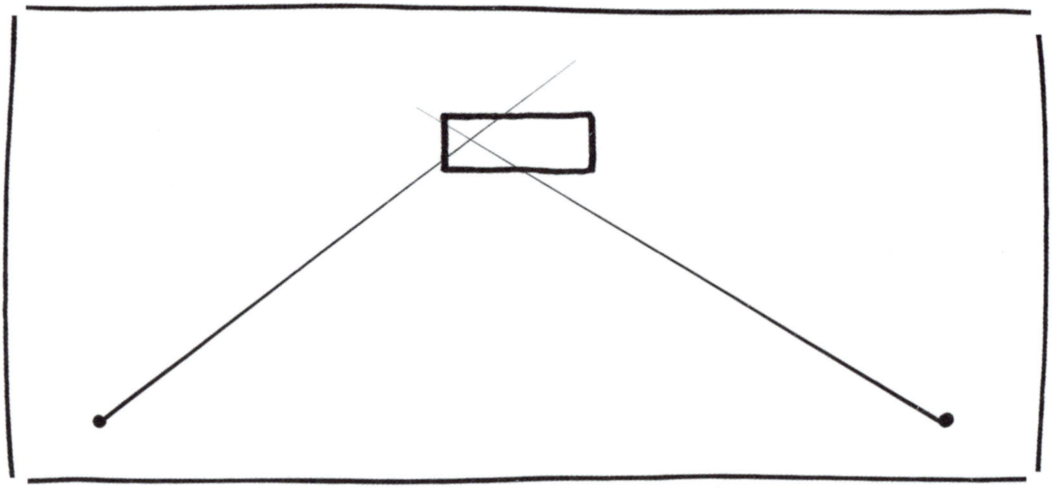

Dreikampf oder Fünfkampf

Wie im richtigen Sport kann man statt Einzelwettkämpfen auch Mehrfachdisziplinen veranstalten. So lassen sich die leichtathletischen Wettkämpfe zu einem Fünfkampf zusammenfassen: Laufen, Weitsprung, Hochsprung, Hürdenlauf und Kugelstoßen. Man könnte auch zum Beispiel Laufen mit dem Turmspringen und dem Trapschießen zu einem modernen Dreikampf arrangieren oder Tischtennis, Sommer-Slalom und das Turnen am Stufenbarren zu einer völlig neuartigen Disziplin kombinieren. Hauptsache, die Spielrunde amüsiert sich! Gerade bei solchen absurden Mehrkämpfen mit ihren sehr unterschiedlichen Anforderungen an die Geschicklichkeit kann zum einen ein gewisser Ausgleich zwischen verschieden stark ausgeprägten Talenten entstehen, zum anderen kann die Vielfalt der Spielabläufe das Vergnügen steigern.

Bogenschießen

- Alter: ab 8 Jahre
- Zahl der Spieler: ab 2

Aus 30 Zentimetern Höhe zielt jeder Spieler auf eine Zielscheibe, die auf dem Tisch liegt: blind natürlich. Mit geschlossenen Augen wird der Stift ins Ziel geführt, und zwar so weit wie möglich ins Zentrum.

Die Zielscheibe ist vorher selbst anzulegen, aber zur Erleichterung befindet sich im Anhang auch eine Kopiervorlage. Mit Hilfe eines Zirkels (oder von einer ruhigen und genau zeichnenden Hand) wird auf einem Blatt Papier eine Scheibe mit etwa 15 Zentimetern Durchmesser und mehreren konzentrischen Ringen angelegt. Ins Zentrum schreibt man eine 10, die folgenden Ringe werden mit absteigenden Punktwerten versehen. Die Werte der Treffer in fünf oder zehn Durchgängen werden addiert: Schützenkönig ist der Spieler mit der höchsten Punktzahl.

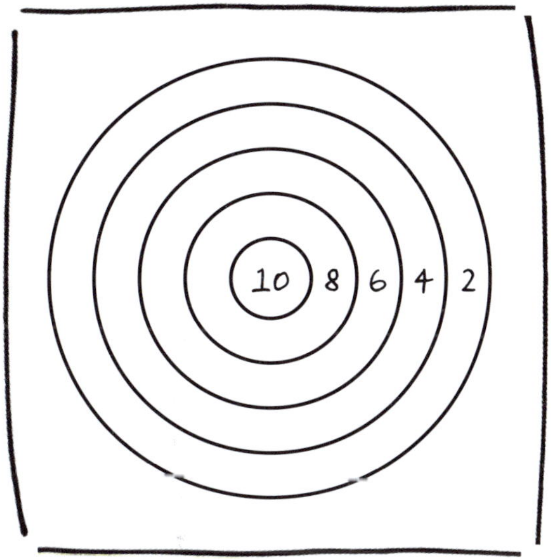

Anhang

Ausgewählte Spielpläne haben wir hier zum Vervielfältigen ganzseitig abgebildet. Sie können sie für unendlich viele Spielrunden einfach mit der Hand abpausen, einscannen und vergrößert ausdrucken oder kopieren und dabei ebenfalls vergrößern. Mit einem Zoomfaktor von 140 kommen die Spielpläne beim Kopieren annähernd auf DIN-A4-Format. Die Autobahnrennstrecke (siehe Seite 138) und die beiden Golfplätze (siehe Seiten 141 und 142) sollten sogar in zwei Stufen auf das Format DIN-A3 vergrößert werden.

Stadt, Land, Fluss, Seite 13

Stadt	Land	Fluss	Pflanze	Schauspieler

Immer im Rahmen bleiben, Seite 21

Bereich	4 Buchstaben	5 Buchstaben	6 Buchstaben	7 Buchstaben

Wortpyramide, Seite 22

Wortwirbel, Seite 28

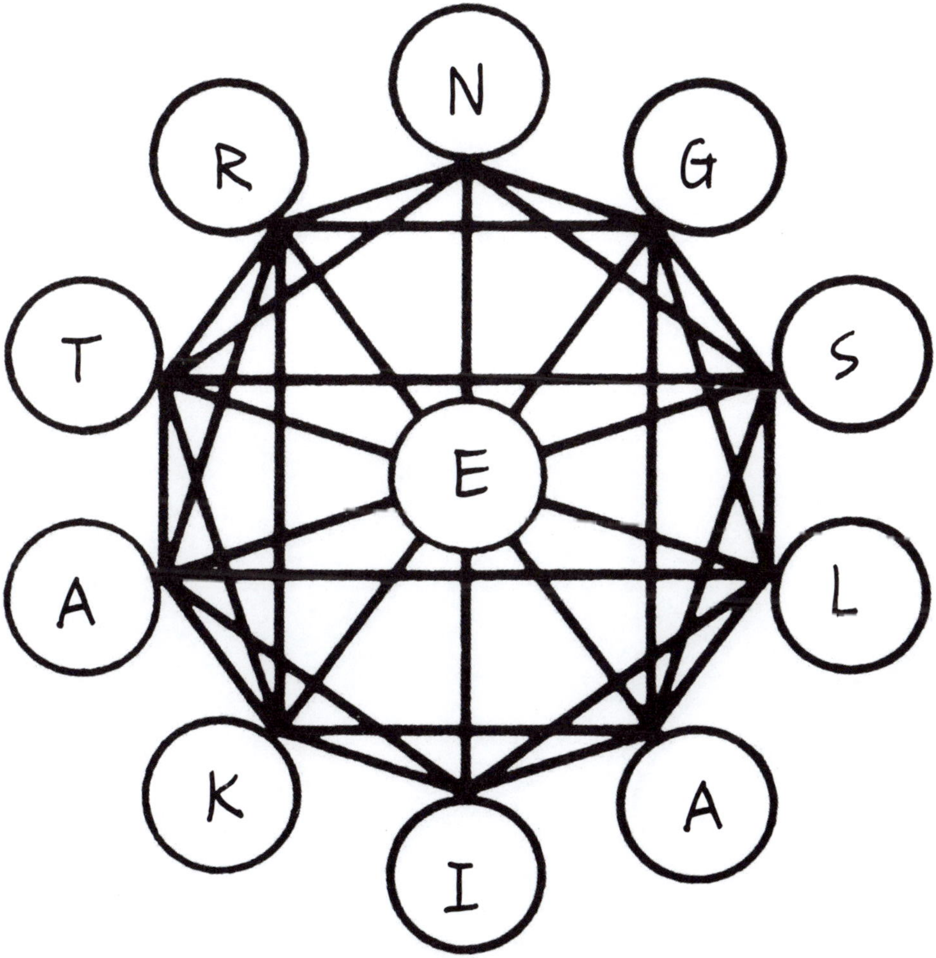

Wortwirbel, Seite 28

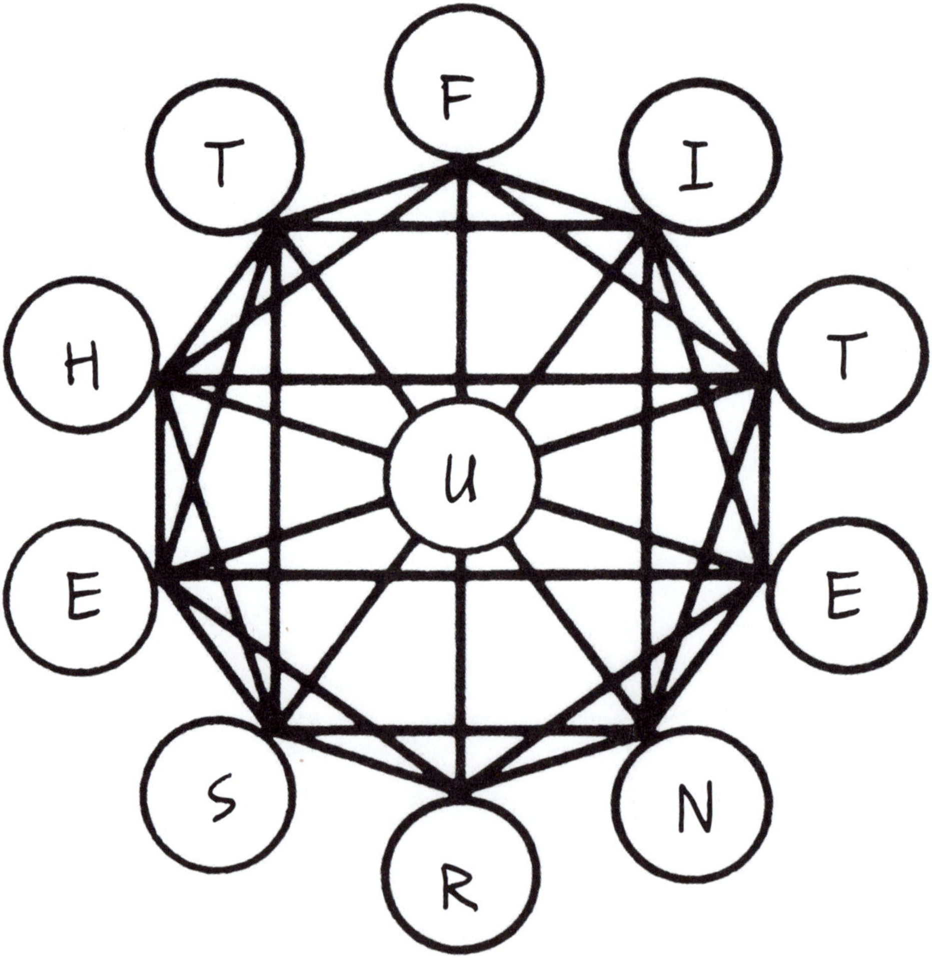

Wortwirbel, Seite 28

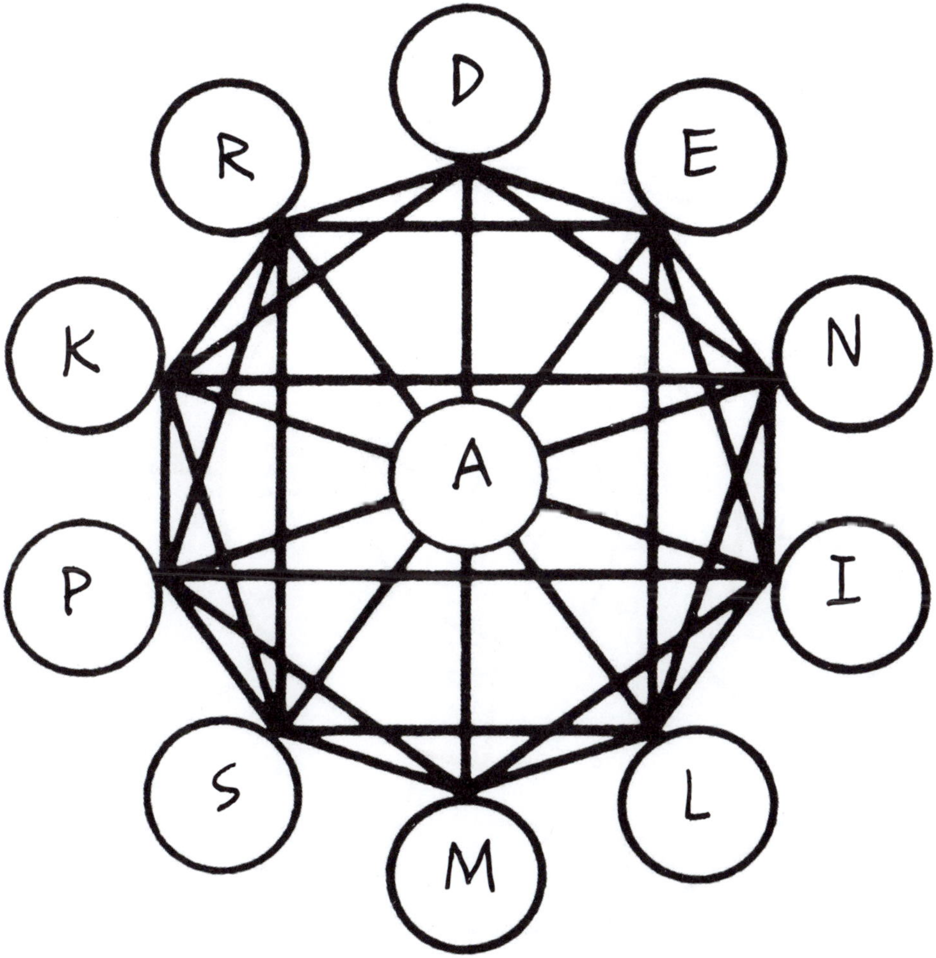

Schneckenhaus, Seite 35

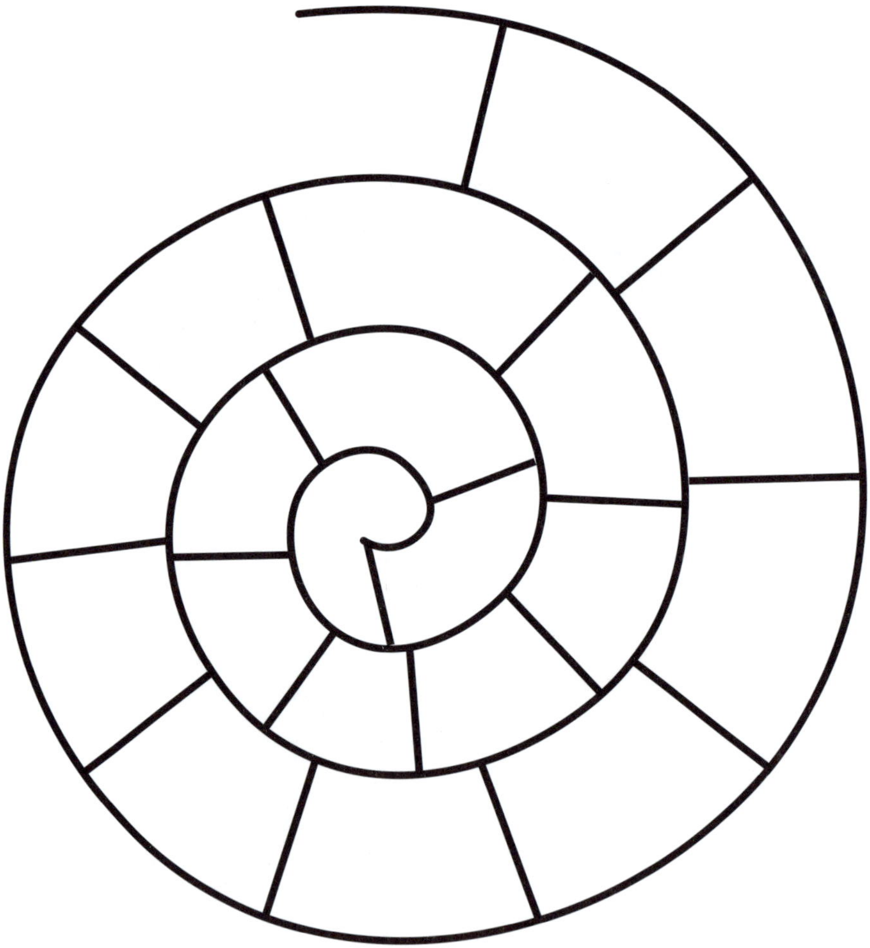

Spinnennetz, Seite 42

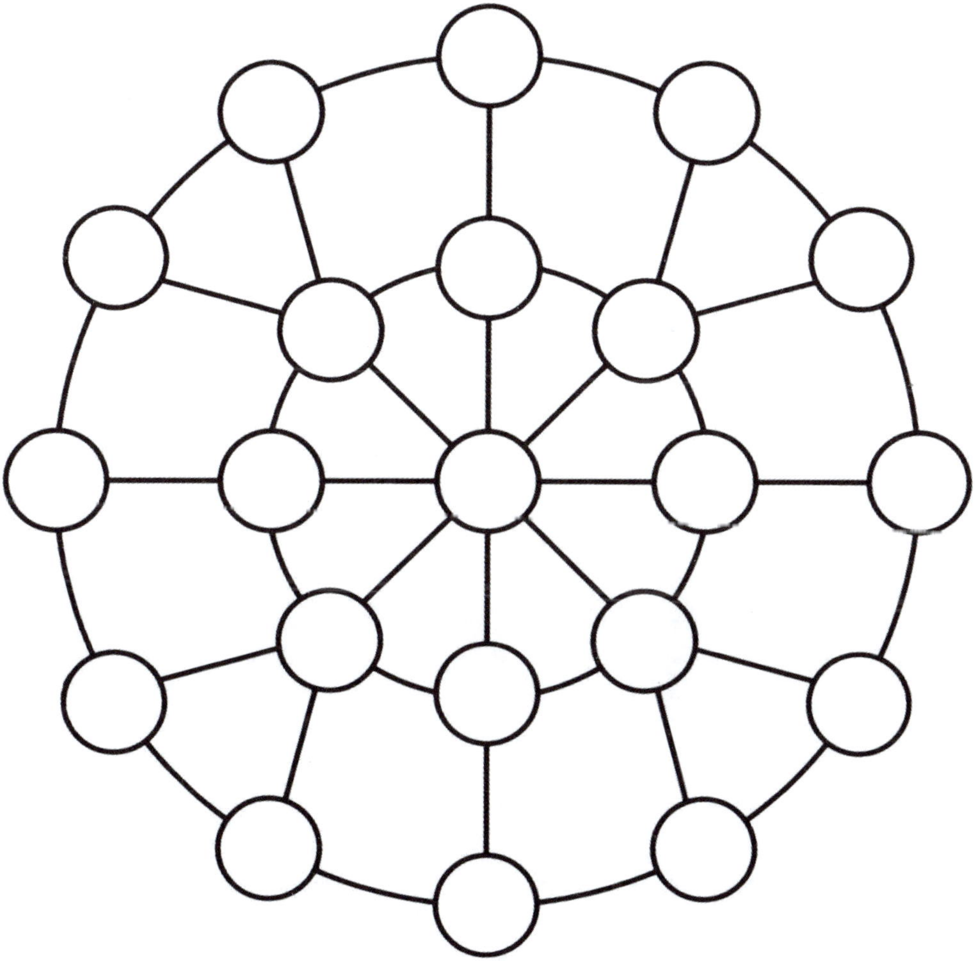

Quadrate zerlegen, Seite 52

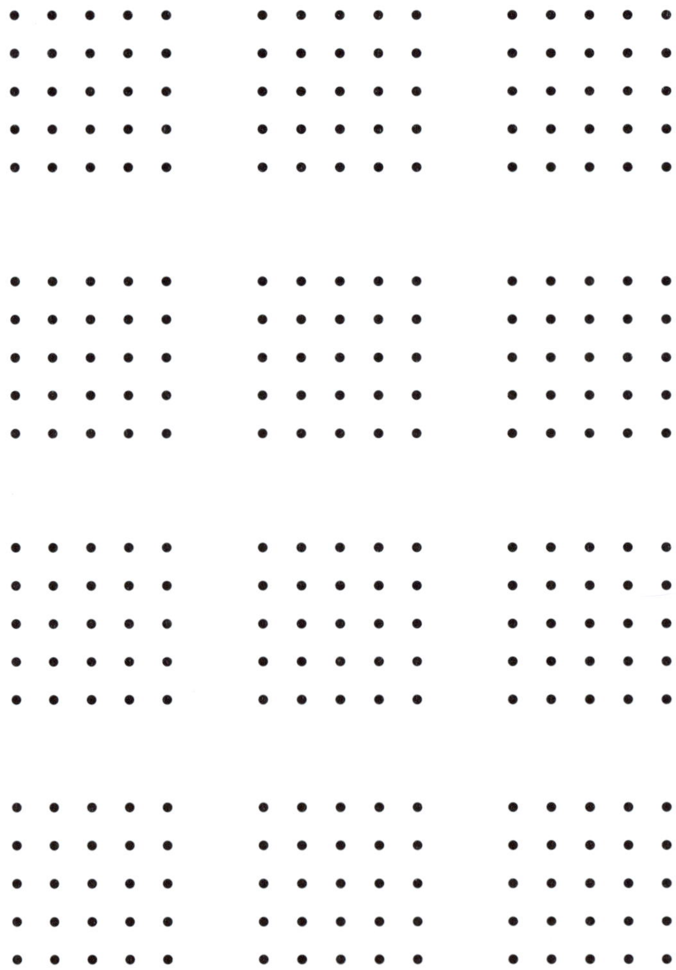

Länder erobern, Seite 58

Gedächtnistest, Seite 63

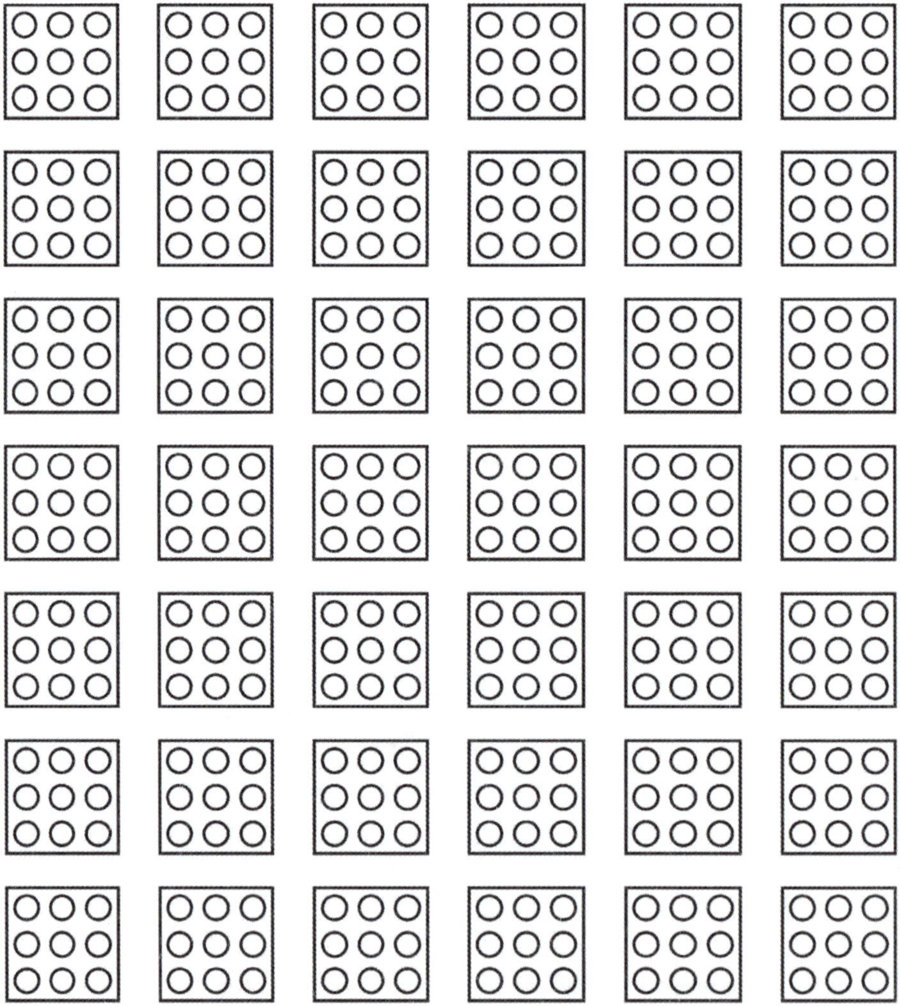

Eine einzige Linie, Seite 65

Autorennen, Seite 76

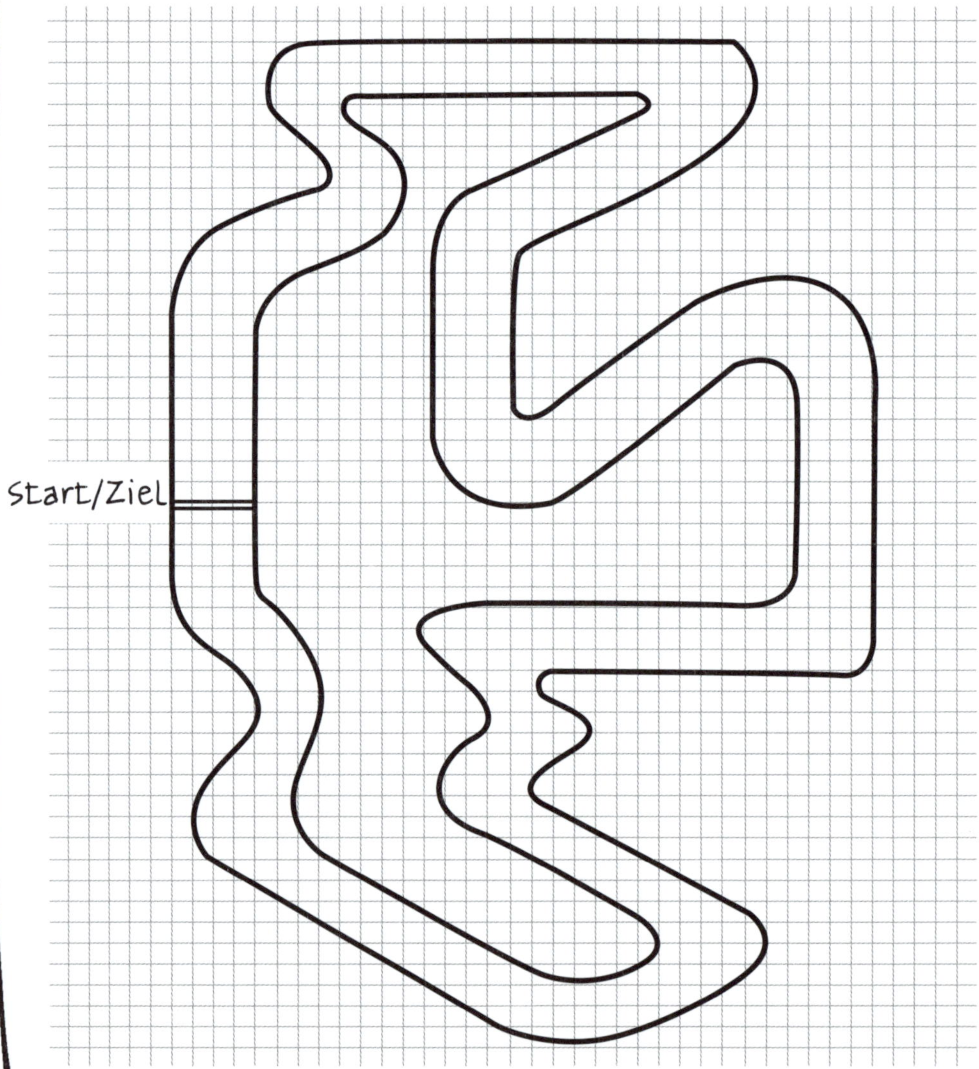

Sommer-Slalom, Seite 115

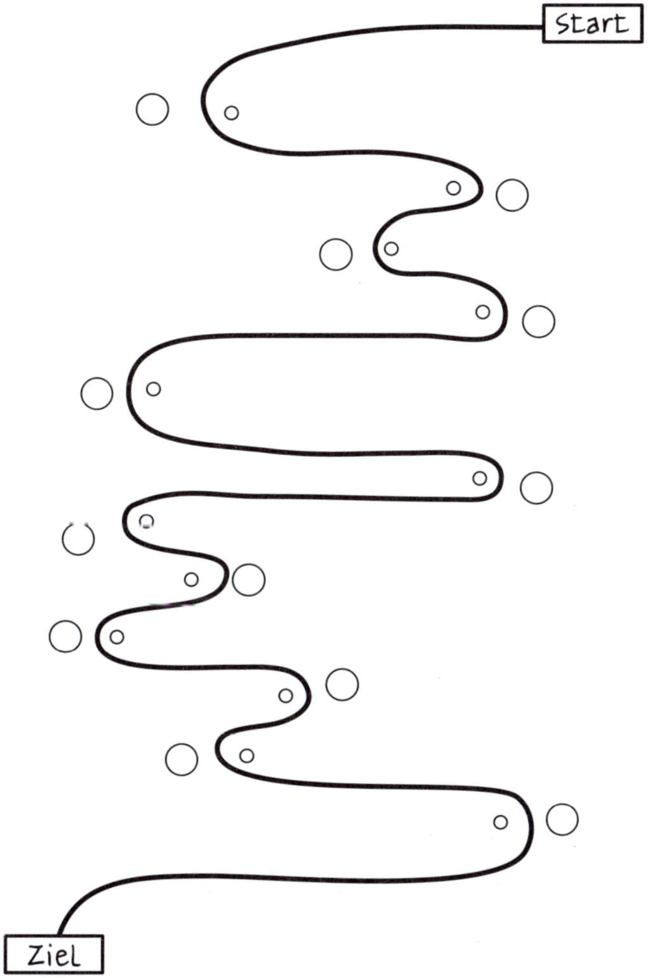

Hindernislauf rund um die Bahn, Seite 116

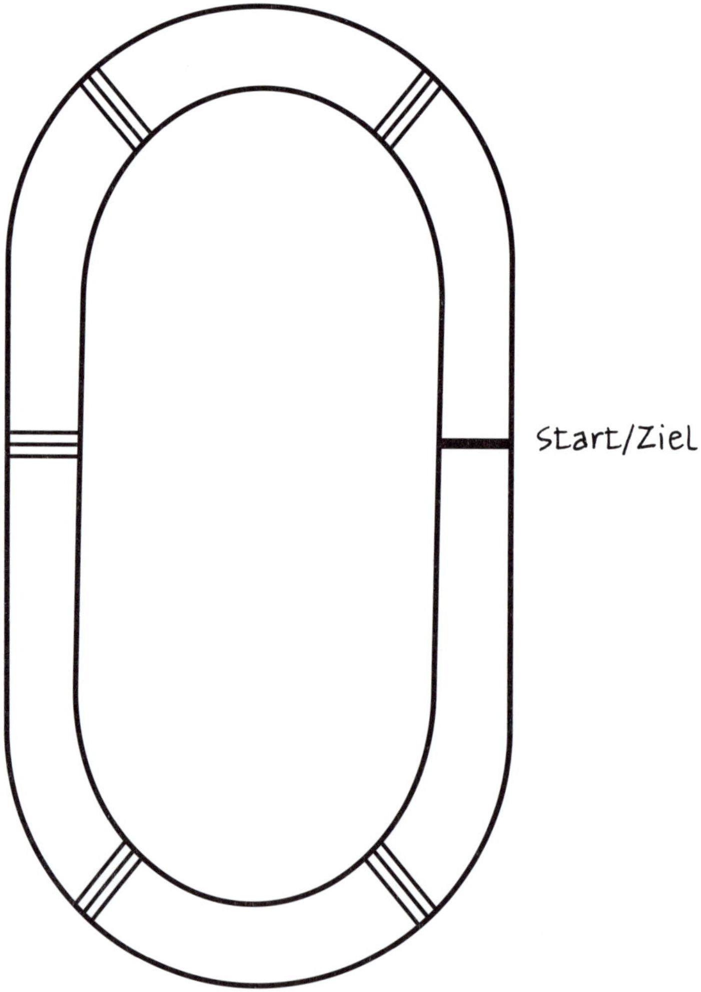

Golf: 9-Loch, Seite 118

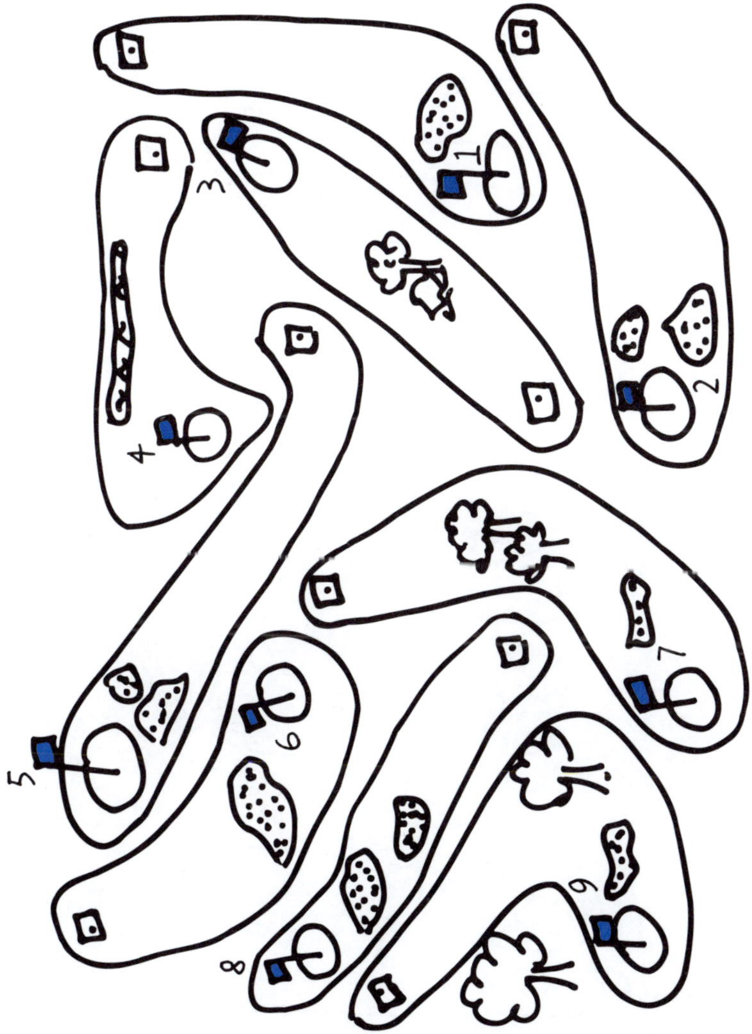

Golf: 18-Loch, Seite 118

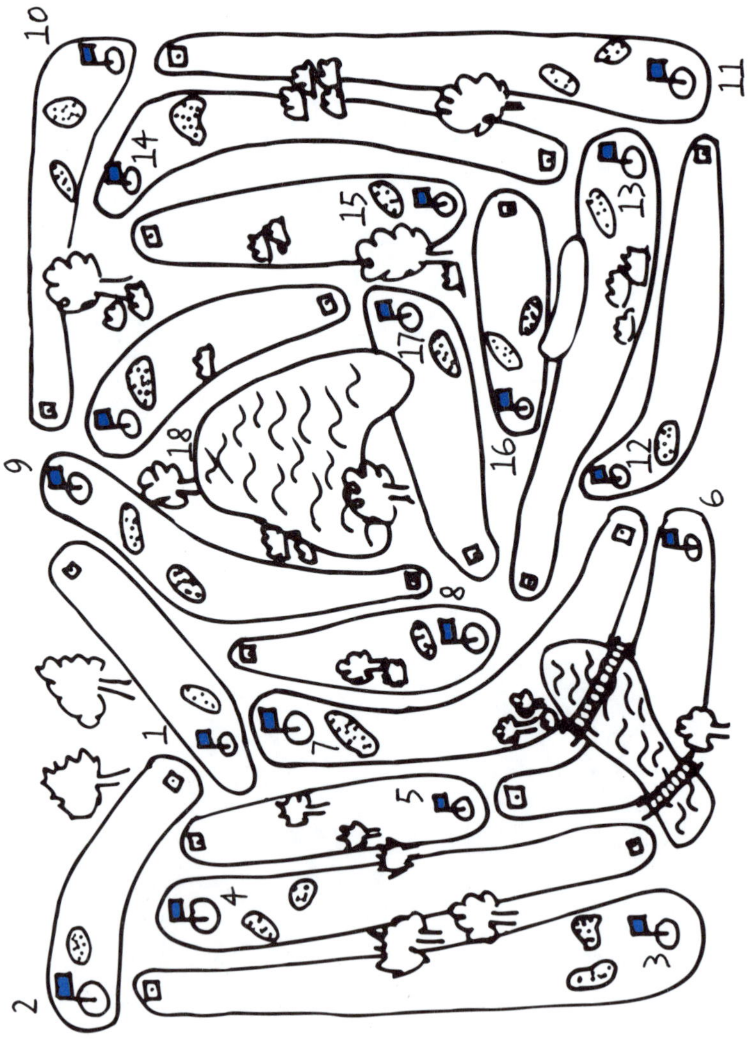

Bogenschießen, Seite 123

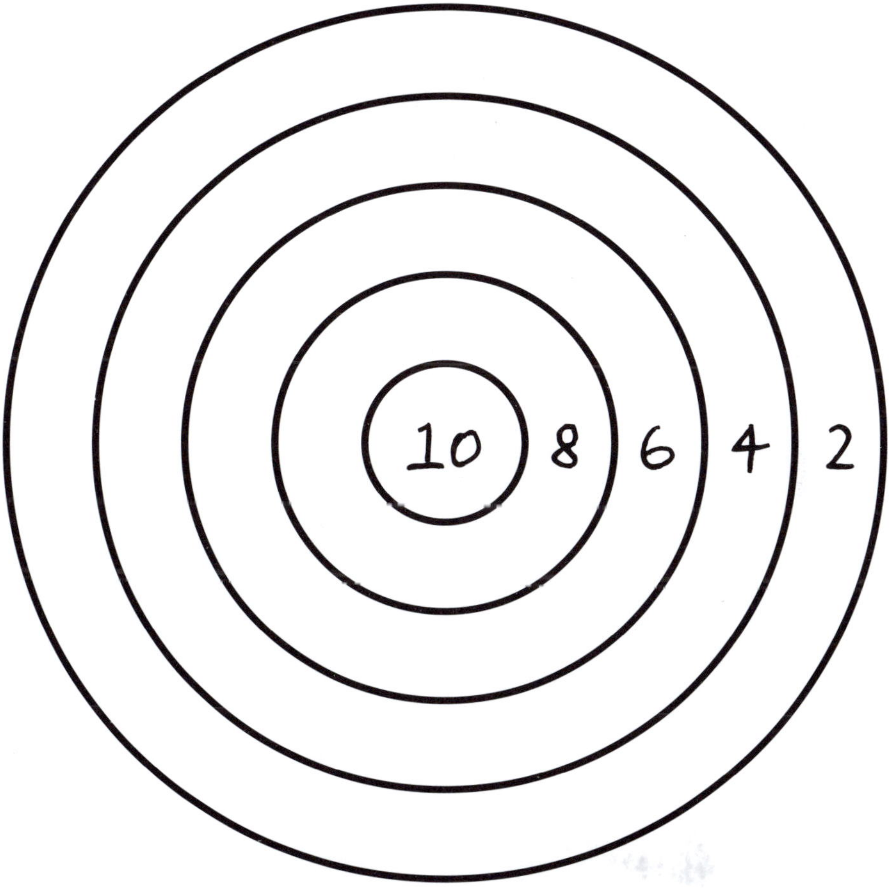

Viel mehr als nur ein Legespiel ...

mit
28 Dominosteinen
aus Holz

ISBN 3-89717-412-X

Weitere Titel aus der Reihe spielen · denken · lernen

Alle Titel: von 9–99 Jahren, 128–208 Seiten, Spiralbindung, 9,90 € (D) · 10,20 € (A) · 18,50 sFr

mit 3 bunten Fäden

ISBN 3-89717-252-6

mit 3 Schachteln
à 10 Hölzern

ISBN 3-89717-251-8

mit komplettem Legespiel

ISBN 3-89717-277-1

mit 8 Ausschneidebögen
und Auflegfolien

ISBN 3-89717-351-4

mit 52 Original-Pokerkarten
von ASS und 3 Jokern

ISBN 3-89717-363-8